밤을 경영하라

밤을 경영하라

밤 을 바 꾸 면 낮 이 바 뀐 다

SLEEP
SMART

이동철 · 최지호 · 조은자 · 고진수
박성빈 · 백혜신 · 고정욱

아우름

'낮'에는 누구나 열심히 뛴다, '밤'으로 승부하라

1995년 12월 20일, 마이애미에서 출발해 콜롬비아 칼리를 향해 가던 보잉757기 아메리칸 항공 965편이 추락했다. 탑승객 163명 중 단 네 명만이 생존한 최악의 참사였다. 연일 사건에 대한 보도가 이어지던 가운데, 마침내 결정적인 사고 원인이 밝혀지자 기자들은 이렇게 탄식을 내질렀다.

"아, 로메오……"

뜬금없이 로메오라니, 무슨 뜻일까? 사연을 설명하기 위해, 추락 사고가 벌어지기 직전으로 시간을 되돌려보자. 비행 당시 사고기의 기장은 열악한 근무환경 때문에 며칠째 잠을 제대로 자지 못한 상태였다. 피로누적으로 괴로워하던 그는 부기장에게 자신의 상황을 하소연했다.

"이 국제선, 정말 힘들어 죽겠어. 새벽 5시에 도착해 집으로 차를 몰고 가는 건 고문이나 다름없어. 회사에 몇 번이나 이야기했지만 묵묵부답이야. 아내에게도 말했어. '여보, 나는 정말 이렇게 살고 싶지 않아. 이러다 쓰러져버릴 거야'라고 말이야."

푸념이 이어지는 동안, 어느덧 비행기는 목적지인 칼리 공항 근처에 다다랐다. 기장은 관제소가 제안한 19번 활주로에서 직선 착륙하기 위해 '로소Rozo 지점'을 비행 컴퓨터에 입력하고자 키보드의 'R'를 눌렀다.

운명의 장난이었을까? 일반적으로 컴퓨터는 비행기가 있는 위치에서 가장 가까운 지점을 잡아주는데, 어찌된 일인지 제일 위에 '로소' 대신 '로메오Romeo'가 떴다. 극도로 피곤했던 기장은 오류를 알아채지 못한 채 천천히 손가락을 들어 제일 위에 뜬 지점을 목적지로 설정했다. 그런데 로메오는 칼리로부터 북동쪽으로 약 200킬로미터 떨어진 곳이었다. 갑작스러운 항로 변경에 비행기는 중심을 잃고 말았고, 그대로 엘델루비오 산에 충돌해버렸다. 항공기 사상 최악의 참사 중 하나로 기록된 사고는 이렇게 어처구니없는 이유로 일어났던 것이다.

이것이 단순히 한 기장의 실수로 인해 벌어진 우연한 사건일까? 사실 정도의 차이만 있을 뿐, 우리 역시 그 기장과 비슷한 실수를 반복하고 있는지 모른다.

생각해보자. 한국인의 평균 근로시간은 연간 2163시간으로

OECD 국가 중 두번째로 높다. 반면 평균 수면시간은 OECD 최하위권에 속한다.[1] 대부분의 직장인은 과중한 업무로 인해 거의 매일 야근에 시달리고 있다. 아메리칸 항공의 기장처럼 어떤 배려도 받지 못한 채 말이다. 혹시 피로와 졸음에 시달리며 괴로워하는 우리도 이 시간, 그 어딘가에서 로소 대신 로메오를 누르는 실수를 하고 있지는 않을까?

아직까지도 많은 사람들이 '일하는 시간'과 '성과'가 비례한다고 믿는다. 물론 어느 시점까지는 그 믿음이 유효했다. 자원도 자본도 부족한 우리나라가 놀라운 경제성장을 이뤄낼 수 있었던 비결 중 하나는 밤낮없이 일했던 근면성이니 말이다. 하지만 '몸'으로만 성과를 만들던 시대는 이제 끝났다.

아직도 '오래' 일하는 것이
'열심히' 일하는 것이라 생각하는가

네덜란드는 바다와 열강들의 틈바구니에 끼여 있는 소국이었다. 지정학적으로 봤을 때는 절대로 세계열강이 될 수 없는 나라였다. 하지만 그들은 약점을 만회해줄 새로운 발명을 기반으로 세계를 재패해나갔다. 바로 한 어부가 만들어낸 작은 나이프가 계기였다.

'바다의 황금'으로 불리는 청어는 과거에 부를 창출하는 대표적인 어획물이었다. 북해를 둘러싼 노르웨이, 스코틀랜드 등 쟁쟁한 나라들이 압도적인 포획량을 내세워 부강을 노렸다. 네덜란드는 상대도 할 수 없는 규모였다. 그런데 빌럼 벤켈소어라는 어부가 작은 나이프 하나를 개발하면서 전세가 역전됐다. 이 나이프는 단칼에 청어의 내장을 제거할 수 있는 도구였는데, 청어를 잡자마자 이 칼로 손질한 뒤 소금에 절이면 보관기간을 몇 배로 늘릴 수 있었다. 덕분에 유럽 각지로의 수출이 용이해진 것이다. 빌럼의 기술을 활용한 네덜란드 청어는 '압도적인 유통기간'을 무기 삼아 다른 나라들을 제압했고, 이것은 네덜란드가 세계를 호령하는 강국으로 발돋움하는 초석이 되었다.

만약 그때 네덜란드가 다른 국가들처럼 규모로만 접근해, 밤낮으로 배를 돌리며 청어를 잡았다면 어떻게 되었을까? 과도한 노동으로 사람들은 지쳐갔을 것이고, 다른 나라들을 따라잡기는커녕 더욱 뒤처지고 말았을 것이다. 하지만 그들은 '규모의 싸움'을 '시간의 싸움'으로 탈바꿈시켰고, 덕분에 승리할 수 있었다.

우리에게도 네덜란드와 같은 '관점의 전환'이 필요하다. 이제 승부처는 낮이 아니다. 낮에는 누구나 열심히 뛴다. 분초 단위로 시간을 나눠 일정표를 짜고, 이동할 때 연신 스케줄 앱을 들여다보는 사람은 당신 하나만이 아니다. 대부분의 사람들이 하루 24시간을 어떻게 하면 가장 효율적으로 관리할 수 있을지 고민하고 있다. 그런데 여기에는 중요한 함정이 하나 있다. 24시간 중 평균 3분의 1에 해당하는 8시간, 즉 수면시간은 전혀 고려하지 않는다는 것이다. 하루

몇 시간을 잤는지, 그 시간을 얼마나 잘 관리했는지 깐깐하게 따져보며 하루를 온전히 활용하는 사람은 없다는 이야기다. '밤의 질', 즉 밤시간을 어떻게 보냈느냐가 낮시간의 효율성, 즉 '낮의 승부'를 결정하는데도 말이다.

우리나라 기업에서 근무했던 호주인 마이클 코켄은 한국의 낮은 노동생산성에 대해 이렇게 일침한다.

"전날 늦게까지 술을 마셨더라도 다음날 제시간에 출근해서 자리에만 앉아 있으면 일할 수 있다고 생각하는 한국의 문화가 정말 이상해요. 과음하고서 적절한 휴식도 취하지 않은 사람이 자리만 지키고 있다고 일이 제대로 되겠습니까? 그야말로 난센스죠."

아직도 '오래' 일하는 것이 '열심히' 일하는 것이라고 생각하는가? 잠을 많이 자면 게으르다고 생각하는가?

만약 그렇다면 당신은 네덜란드와 같은 경쟁자가 패러다임을 바꿀 새로운 무기를 개발하고 있을 때, 여전히 포획량에만 매달리던 다른 국가들과 다를 바 없다. 새로운 판이 필요하다. 지금 싸우는 전장이 나에게 불리하다면, 과감히 그 전장을 바꿔야 한다. 모두가 집중하는 낮시간이 아니라 아무도 주목하지 않는 밤시간, 이 시간에서 승부를 봐야 한다.

지금, 이 순간에도
당신의 '수면 빚'이 불어나고 있다

밤시간의 중요성이 비단 생산성 때문만은 아니다. 『수면의 약속』을 쓴 수면학의 권위자 윌리엄 디멘트는 수면부족을 '수면 빚sleep debt' 이라고 지칭했다. 그리고 현대사회에 만연한 이 '수면 빚'은 '국가적 비상사태'라고 말했다. 그가 수면부족을 '수면 빚'이라고 한 이유 는, 돈을 빌리면 꼭 갚아야 하는 것처럼 부족한 수면도 반드시 보충 해야 한다는 사실을 강조하기 위해서다. 돈을 갚지 않으면 파산하듯 이 부족한 수면도 보충하지 않으면 파산하고 만다. 바로 '수명 파산' 과 '건강 파산'이다. 더욱 심각한 것은 이 파산에는 신용구제 프로 그램이나 부채탕감 프로그램이 없다는 사실이다.

　당신은 어떤가? 바쁘다는 핑계로, 할 일이 많다는 이유로 '수면 빚'을 쌓아가고 있진 않은가? 물론 어제 하룻밤을 제대로 자지 못 했다고 해서 오늘 바로 건강에 악영향이 미치는 것은 아니다. 하지 만 수면부족이 하루이틀 이어지면 건강이상을 경고하는 전조증상 이 나타나고, 그다음엔 질환이 발생한다. 수면이 부족하면 멜라토 닌, 성장호르몬 등 필수호르몬이 제대로 분비되지 못한다. 자는 동 안 몸의 독소가 해독되지 못하고 그대로 축적돼, 피가 진득해지고 그에 따라 혈관계질환을 유발할 가능성이 급상승한다. 고혈압, 당 뇨, 비만, 고지혈증 등 거의 모든 성인병에 걸릴 가능성이 높아지는 것이다.[2]

건강까지 해쳐가며, 생산성도 갉아먹어가며 우리가 '잠'을 헌납해 일할 이유가 있을까? 전문가들은 수면에 대한 우리의 부정적 인식이 경제발전을 이루기 위해 노력하던 습관에서 기인한다고 분석한다. 곽금주 서울대 심리학과 교수는 "지금까지 경제발전에 전념하느라 과하게 일을 많이 하는 습성이 생겼고, 노는 것에 죄책감을 느낀다. 회사에 얼마나 오래 앉아 있느냐가 평가의 기준이 됐다"[3]고 말한다. 송재룡 경희대 사회학과 교수는 "밤늦게까지 뭔가 해야 한다는 강박감이 있다. 개인을 넘어 집단적 강박증"[4]이라고 지적한다. 이제 우리는 이런 강박과 압박에서 벗어나야 한다.

집중력과 판단력이 더욱 중요해지는 시대, 수면을 건강의 척도로 삼아 삶을 가꾸는 일은 자신의 건강은 물론 일의 성과를 만들어내는 데도 큰 의미가 있다. 지금 그 무엇보다 중요한 것은 적정 수면시간 확보와 질 좋은 수면을 위한 노력, 즉 '밤을 경영하는 일'이다.

실제로 최근 유럽 등 선진국에서는 '수면' 관련 사업이 주목받고 있다. 그만큼 '밤'과 '잠'의 중요성에 대한 자각은 세계적인 트렌드라고 할 수 있다. 세계의 리더들은 '잠'의 중요성을 간파하고, 누구보다 먼저 '양질의 수면'을 확보하고 경쟁력을 높이기 위해 각고의 노력을 기울이고 있다. 당신 역시 어둠 속에 방치해두었던 자신의 밤을 다시 돌아볼 때다. 밤을 어떻게 경영하느냐에 따라 당신의 일, 더 나아가 당신의 삶이 180도 달라질 것이다.

Chapter 1

✕

모든 역사는 밤에 이루어진다

"영혼의 재산을 증식할 시간이 있는 사람은
참휴식을 즐기는 사람이다."

— 헨리 데이비드 소로

클레오파트라와 나폴레옹이
밤에 집착한 이유

이야기를 시작하기에 앞서 아래의 명제들을 생각해보자.

- 하루의 시작은 아침이다.
- 우리는 하루 중 3분의 2를 활동하는 데 쓰고, 3분의 1을 잠자는 데 허비한다.
- 하루치 에너지를 모두 소진했을 때, 지쳐서 잠드는 것이다.

아마도 대부분의 사람들이 이렇게 생각할 것이다. 하루의 시작은 아침이고, 그래서 하루의 끝인 밤은 대충 보내도 된다고 생각한다. 잠을 줄여가며 공부든 일이든 하는 것은, 그냥 버려도 되는 시간에 생산적인 활동을 하는 것처럼 여기곤 한다.

하지만 과연 그럴까? 모든 위대한 리더들은 '낮'이 아닌 '밤'에 역사를 만들어왔는데 말이다.

'역사는 밤에 이루어진다'는 말이 가장 잘 어울리는 인물이 있다면 아마 클레오파트라일 것이다. 그녀는 미모를 이용해 역사의 시계를 조종했던 당찬 여인이다. 이집트의 운명이 카이사르에게 달렸다고 생각한 그녀가 자신을 카펫으로 돌돌 말아 선물로 위장한 뒤 카이사르의 방으로 숨어들었다는 대담한 일화는 익히 알려져 있다. 클레오파트라에게 미모는 단순히 자신을 뽐내기 위한 자랑거리가 아니었다. 남자를, 나아가 세상을 지배하기 위한 강력한 무기였다. 군인이 매일 총기를 손질하듯, 그녀 역시 자신의 무기인 미모를 가꾸기 위해 피나는 노력을 기울였다. 그리고 그것은 모두 밤에 이루어졌다.

클레오파트라는 "밤은 결코 한가한 휴식시간이 아니다"라고 말하곤 했다. 그녀는 침실에 장미를 깔고 머스크향을 뿌려두었으며 금가루로 팩을 하고 잠자리에 들었다. 장미와 머스크를 활용한 아로마요법은 숙면을 취하게 함과 동시에 그녀의 몸 곳곳에 향이 스미게 했다. 몸에 밴 향기는 향수를 뿌려 일시적으로 만들어낸 향과는 차원이 달랐고, 그 자연스러우면서도 깊은 향은 영웅들의 영혼을 뒤흔들어놓기에 충분했다.[1]

더욱이 아로마요법으로 인한 숙면은 그녀가 늘 맑은 정신상태를 유지할 수 있도록 도왔고, 로마와의 관계가 요동치는 격랑 속에서도 절정의 판단력으로 정사政事에 임할 수 있는 근본이 되었다. 실제로 클레오파트라는 남다른 지식과 통찰을 자랑했다. 그녀는 당대 최고의 역사가인 헤로도토스와 투키디데스의 역사서를 훤히 꿰고 있었다고 전해지는데, 그녀가 입을 여는 순간 그 명석했던 카이사르조차도 넋을 잃는 경우가 다반사였다고 한다. 옥구슬이 굴러가는 듯한 낭랑한 목소리로 사물과 세상의 이치를 꿰뚫는 수준 높은 이야기를 늘어놓으면 그 누구도 빠져나올 재간이 없었다. 카이사르뿐 아니라 그뒤를 이은 안토니우스까지 그녀의 매력에 속수무책으로 빠져들었고, 결국 그녀에게 휘둘려 패망의 길을 걷고 말았다.

잠을 전략으로 활용한 또 한 명의 영웅은 나폴레옹이다. 동서양을 막론하고 명장으로 알려진 장수들에 관해서는 흔히 '장병들과 숙식을 함께했다'는 기록을 볼 수 있다. 동침은 단순히 잠을 같이 잔다는 의미를 넘어 친구나 가족처럼 하나로 묶는다는 상징성을 지니기 때문이다.

나폴레옹 역시 병사들과 동침했던 것으로 유명하다. 그는 종종 병사들과 같은 천막에서 같은 이불을 덮고 잠이 들었고, 또 일어나서는 같은 밥을 먹었다. 단지 병사들과 유대감을 형성하기 위해서만은 아니었다. 나폴레옹은 총알이 빗발치고 전우들이 다치거나 죽는 전장의 상황이 얼마나 큰 스트레스인지 잘 알고 있었다. 그리고 이러한 스트레스에 대응하기 위한 유일한 조치가 바로 '잘 자는 것'이라고 생각했다. 그는 병사들과 같은 조건과 환경에서 잠들고 일어남으로써 병사들이 얼마나 육체적, 정신적으로 힘든 상황에 있는지 직접 확인했던 것이다.

　일선 병사들과 고락을 같이하는 바람에 열병과 위궤양, 탈장, 치질 등 여러 병을 앓아야 했지만, 황제 나폴레옹이 병사들의 잠자리를 직접 챙겼기에 보급 부대들도 각별한 신경을 썼고, 그것은 거친 전쟁터에서도 나폴레옹 부대가 건강하고 왕성하게 전투를 수행하도록 하는 근간이 되었다.

"사장은 무조건 잠을 잘 자야 합니다"

'세계의 대통령'이라고 불리는 반기문 유엔 사무총장에게 물었다. 언론의 십자포화를 맞으랴, 고집 센 회원국들 상대하랴, 안전보장이사회 상임이사국까지 다스리랴, 스트레스도 엄청나고 체력도 부족할 것 같은데, 건강을 유지하는 비결이 무엇인지. 그의 답인즉 이랬다.

　"그냥 잠을 잘 잡니다."

　사람들은 그가 어떤 특별한 운동을 하는지 궁금해하지만, 그는 운동을 전혀 하지 않는다고 잘라 말한다. 아침부터 너무 바쁘기 때문에 운동할 시간이 없다는 것. 오직 '숙면'을 취하는 것만이 건강 관리의 비결이라는 것이다. 그는 '일하는 총장'이라는 모토대로 오직 일을 운동 삼아 하루를 열심히 보낸다. 덕분에 머리를 베개에 대기만 해도 곯아떨어지는 숙면을 취함으로써 피로를 완벽히 회복, 육체와 정신을 모두 건강하게 꾸려가고 있다.

  일본 중소기업 경영자들이 가장 만나고 싶어하는 생활용품 제조
기업 에스테의 스즈키 다카시 회장 역시 잠의 중요성을 강조한다.
그는 팔팔한 젊은 나이에는 부친의 사업에 발도 들여놓지 않고 엉
뚱하게 생명보험회사에 입사해서 임원까지 승진했다가, 부친의 회사
주가가 전성기의 20분의 1까지 추락하자 비로소 사장을 맡았다. 현
재 에스테는 P&G와 같은 다국적 기업의 공세에도 일본 내 부동의
1위를 고수하는 강한 기업으로 거듭났다. 당연히 그의 경영비결은
모두의 관심일 터. 누군가 경영을 잘하는 비법이 무엇이냐고 물으면,
그는 늘 이렇게 답한다.
  "사장은 무조건 잠을 잘 자야 합니다."
  '사장이 잘 자야 경쟁에서 이긴다'고 믿는 그는 눈코 뜰 새 없이
바빠도 반드시 8시간은 잔다는 원칙을 지킨다. 원칙경영은 삶뿐 아
니라 경영으로도 이어지고 있다. 수면습관에서 보듯 그는 쓸데없이
일하는 것을 무척 싫어한다. 그래서 취임 후 이것저것 만들던 신제
품을 연간 60개에서 단 1개로 줄여버리고, 대신 가장 고객 지향적인
제품을 출시하여 이른바 대박을 쳤다. 될 제품에 집중하고 남는 시
간이 있으면 최상의 컨디션 유지에 쓰자는 것이다.

  도대체 잠이 무엇이기에, 과거부터 현재까지 위대한 리더들이 입
을 모아 그 중요성을 강조하는 것일까?

우리 뇌는 낮 동안 아주 많은 정보를 전달받는다. 시각정보, 청각정보 등 모든 것이 과다하다. 그런데 잠을 자는 동안, 뇌는 피로를 없애고 최상의 상태를 회복한다. 머리는 차게, 발은 따뜻하게 하라는 의미의 '두한족열頭寒足熱'이라는 말이 있다. 과열된 컴퓨터를 식히듯, 잠을 자는 동안 체온이 떨어지고 뇌에 차가운 피가 흘러 낮 동안 뜨거워진 머리를 식힌다. 따라서 수면이 부족하면 뇌는 마치 컴퓨터의 하드웨어가 고장나듯 삐걱거리게 된다. 이 상태가 되면 감정이 조절되지 않거나 판단에 착오를 일으키는 등의 문제가 나타난다.

또 뇌는 잠자는 동안 완전히 멈추어버리지 않는다. 때에 따라 낮보다 활동이 활발한 경우도 있다. 우리가 자는 동안 뇌는 낮에 얻은 방대한 정보를 필요한 것과 불필요한 것으로 분류하여, 필요한 정보는 저장한다. 즉 잠을 잘 자야 뇌도 리셋되며 기억력과 같은 장기 두뇌활동도 원활해지는 것이다.

카페인 vs 디카페인, 배려받지 못하는 한국인의 밤

"외국에서 온 손님들과 저녁식사를 하고 차를 한잔하자며 카페에 갔습니다. 자신들이 계산한다고 해서 먼저 자리를 잡고 앉아 있는데 뭔가 좀 이상한 거예요. 그래서 돌아봤더니 외국 손님들이 종업원들과 이야기를 나누고 있는 겁니다. 문제가 생긴 듯해서 물어보니 디카페인 커피가 없는 것 때문이었어요."

외국인 바이어와 카페에 갔다가 곤란을 겪은 어느 임원의 이야기다. 곧 잠을 청해야 할 저녁시간, 외국인들은 평소처럼 디카페인 커피를 찾았는데 한국 카페에 디카페인 커피는 없었다. 어쩌면 이 사례는 우리가 그동안 밤에 대해, 잠에 대해 너무 배려가 없었다는 사실을 보여주는 방증일지도 모른다. 아직도 '밤잠을 설쳐가며'라는 말을 열심히 일한 증거로 여기는 우리, 하지만 그건 명백히 잘못된 생각이다. 밤은, 그리고 잠은 그 자체로 창조이며 성장이다. 이제 밤에 대한 새로운 접근이 필요하다.

역사학자들은 유대인의 생산성이 어디에서 왔는가에 대해 말할 때 그들이 지내는 '안식일'을 꼽곤 한다. 유대인의 안식일은 '샤바트shabat'라고 하는데, 이 단어는 '중지하다' '쉬다'라는 뜻을 갖고 있다. 금요일 해질녘부터 토요일 저녁까지 이어지는 안식일이 찾아오면 유대인은 가족이나 친한 지인과 모여 미리 준비해둔 식사를 하면서 예배를 보거나 대화를 나눈다. 요리나 청소를 비롯한 어떤 노동도 하지 않고 차분히 한 주를 정리하면서, 지친 심신을 가다듬고 에너지를 보충하며 새로운 일주일을 준비하는 것이다.

유대인의 성공비결인 안식일, 우리 역시 우리의 밤을 그들의 안식일처럼 만들 필요가 있다. 유대인에게 일요일이 한 주의 시작인 것처럼, 하루의 시작은 아침이 아닌 자정부터다. 시간에서 우리가 자고 있는 한밤중이 0으로 표시되는 것은, 수면시간이 곧 하루를 시작하는 가장 중요한 때임을 일깨워주는 조상들의 지혜다. 자, 이제 앞서 말한 명제를 다음과 같이 바꿔보자.

- 하루의 시작은 잠이 드는 밤시간이다.
- 우리는 하루 중 3분의 1은 삶을 준비하는 데 쓰고, 3분의 2는 그 에너지를 토대로 활기차게 보낸다.
- 지친 체력과 정신력을 충전하며 활력 있는 내일을 준비하기 위해 잠을 자는 것이다.

우리에게는
'영혼이 따라올 시간'이 필요하다

아마존 정글을 여행하던 한 탐험가의 이야기다. 그는 조급한 마음에 탐험대의 짐을 나르는 원주민들을 재촉하면서 앞으로 나아갔다. 그에겐 조금이라도 빨리 도착해 보물을 발견하고 싶은 생각밖에 없었다. 그렇게 일주일쯤 지났을까. 갑자기 원주민들이 멈추더니 짐을 내려놓고는 꼼짝도 하지 않았다. 놀란 탐험가는 어르고 달래봤지만 원주민들은 요지부동. 심지어 권총으로 협박까지 해보았지만 아무 소용이 없었다. 할 수 없이 탐험가는 원주민들의 리더에게 다가가 사례비를 몇 배로 줄 테니 어서 가자고 이야기했다. 그러자 리더는 낮은 목소리로 단호하게 말했다.

"아니요, 우리는 그동안 너무 빨리 왔어요. 우리에게는 영혼이 따라올 시간이 필요합니다."

모든 역사는 밤에 이루어진다

인생은 성취하기에 결코 짧지 않다

역사상 시간관리를 가장 잘한 사람이 있다면 구소련의 수학자이자 과학자인 알렉산드로비치 류비셰프일 것이다. 그는 생전에 철저한 시간관리와 왕성한 연구활동으로 1만 2000여 편에 달하는 논문과 70여 권의 저서를 남겼다. 언뜻 생각하면 엄청나게 몸을 혹사했을 것 같지만, 그렇지 않다. 당시로서는 드물게 82세까지 건강을 유지하며 장수했다. 비결은 '수면'에 있었다. 그는 하루 10시간 이상을 자는 데 할애했고, 일할 때도 절대 과로하지 않았다.

"나는 하루에 8시간 이상 일해본 적이 없다. 가장 많이 일해본 것이 12시간이다."

류비셰프는 자신의 인생을 시간이라는 '자원'으로 가동하는 '공장'으로 간주했고, 해야 할 일이 정해지면 얼마만큼의 시간을 투입할지 결정해 반드시 그 시간 내에 끝냈다. 그는 몇 가지 생활원칙을 세워놓고 이를 엄수했는데, 몇 가지만 정리해보면 다음과 같다.[2]

1. 의무적인 일은 맡지 않는다.
2. 시간에 쫓기는 일은 맡지 않는다.
3. 피로를 느끼면 바로 일을 중단하고 휴식을 취한다.
4. 힘든 일과 즐거운 일을 적당히 섞어서 한다.
5. 10시간 이상 충분히 잠을 잔다.

1번과 2번은 '영혼 없이 하는 일' '사전에 계획되지 않은, 급작스러운 일'은 하지 않는다는 뜻이다. 류비셰프는 이런 일에는 강한 의문을 가지라고 충고했는데, 앞서 말한 원주민 리더의 표현을 빌리자면 '영혼이 따라올 시간'을 확보할 수 없는 일은 하지 말라는 뜻이기도 하다.

우리보다 여전히 높은 소득을 자랑하는 나라들을 보면 입버릇처럼 '생산성'이라는 말을 한다. 전 세계 모든 사람에게 동일한 시간이 주어진다면 같은 시간에 더 큰 성과를 낼 수 있는 효율성을 지녀야 한다는 것이다. 피터 드러커가 말했듯, 생산성과 관련해 "하지 않아야 하는 일을 하는 것처럼 어리석은 것은 없다." 어떤 일을 하고 어떤 일을 하지 않을지 결정하며, 또 무작정 시작하기보다는 어떻게 하는 것이 더 효율적일까를 고민하는 일이 중요한 시대다. 그리고 류비셰프는 이미 오래전에 이를 실천한 인물이었다.

3번과 4번 그리고 5번은 자신의 몸과 영혼을 혹사하지 않겠다는 의지다. 특히 류비셰프는 '잠'을 중요하게 생각했다. 그는 낮 동안 시간을 관리해 효율성과 생산성을 최고조로 올렸고, 밤의 휴식에 충분한 시간을 투여해 가장 명철한 상태의 두뇌를 유지했다. 즉 그가 잠을 많이 잔 이유는 역설적으로 그만큼 시간을 소중히 여겼기 때문이다.

류비셰프의 시간관리 비결을 다룬 책『시간을 정복한 남자 류비셰프』는 그가 시간을 '숭배'했다고 설명한다.

"류비셰프는 마치 일용할 양식을 대하듯 시간을 경건하게 여겼

모든 역사는 밤에 이루어진다

다. 시간을 죽인다는 생각 따윈 아예 하지도 않았다. 1분 1초도 그에게는 너무나 소중한 시간이었다. 그는 시간 숭배를 실천했다. 이렇게 하자 그는 깨닫게 되었다. 인생은 무엇인가를 이루기에 결코 짧지 않다는 것을 말이다."[3]

반면 유명했던 위인 중 대표적으로 잠에 야박했던 사람은 모차르트다. 그는 하루 10시간 이상 작곡과 교습 등 노동에 시달렸다고 하는데, 정작 수면시간은 평균 5시간으로 노동시간에 비해 너무 짧았다. 그 와중에 연인 콘스탄체를 만나는 시간을 일과표에 넣어두어 일과 즐거움의 균형을 잡으려고 애쓰기는 했다. 하지만 모차르트의 부족한 수면이 그의 불꽃같았지만 짧았던 35년간의 삶에 영향을 미친 것은 아닐까?

프랑스의 대문호 발자크 역시 극단적인 수면패턴을 보였다. 그는 저녁 6시면 잠자리에 들어서 새벽 1시에 기상했다. 그리고 아침 8시까지 무려 7시간을 쉬지 않고 집필에 몰두했다. 그는 평생 이런 스케줄을 고수하면서 900여 편의 작품을 남겼지만 아쉽게도 장수하지는 못했다.

만약 이 거장들이 스스로의 밤을 조금만 더 배려했더라면 인류는 지금보다 더 풍성한 음악과 최고의 문학작품을 누릴 수 있지 않았을까.

지중해를 주름잡았던 카르타고는 3차에 걸쳐 치른 포에니전쟁으로 멸망했다. 카르타고의 성은 모두 불탔고, 남자는 대부분 죽었다. 살아남은 사람은 아이와 여자, 노인뿐이었다. 전쟁의 승리자인 로마인들은 카르타고의 남은 사람들을 노예로 팔아버리자고 했지만, 정작 전쟁을 주도했던 스키피오 가문은 단호하게 반대했다. 죽음을 무릅쓰고 명예롭게 싸운 카르타고에 예의를 지켜야 한다는 것이 이유였다. 당초 로마는 아주 쉽게 카르타고를 점령할 수 있을 것이라 생각했지만 카르타고인들은 칼 한 자루, 방패 하나 없이 돌과 곡괭이 같은 무기만으로 3년 동안 결연하게 싸우며 버텨 적국인 로마를 감동시켰다. 그런데 카르타고 사람들은 어째서 무기 하나 없이 전쟁을 치르게 된 걸까?

2차 포에니전쟁에서 로마에 무릎을 꿇었던 카르타고. 당시 지중해의 무역을 중개하는 천혜의 위치에 있었기에 2차 전쟁의 배상금을 치르고도 로마와 다시 한번 겨뤄도 좋을 만큼의 국력을 금세 회복했다. 하지만 카르타고인들은 로마에 먼저 무릎 꿇고 항복하면 그들에게 보호받으며 편안하게 살 수 있으리라는 안이한 판단을 내렸다. 이에 로마는 항복의 징표로 그들이 가진 무기를 모두 보내라고 했고, 카르타고는 순순히 10만 개에 달하는 무기를 전부 헌납했다. 하지만 무기를 받은 로마는 카르타고인들에게 카르타고 밖으로 이주하라고 명령했다. 로마는 카르타고의 멸망을 원하고 있었던 것이다.

뒤늦게 로마의 진의를 알게 된 카르타고인들은 성문을 닫아걸고 결사항전을 시작했다. 하지만 무기 하나 없이 빈손으로 시작한 전쟁에서 이길 수 없는 것은 불 보듯 빤한 일. 전쟁이라는 어려운 선택을 피하고 굴종이라는 쉬운 선택을 했던 것이 결국 자멸을 불렀다.

우리는 카르타고처럼 따뜻한 현재에 젖어 '손쉬운 선택'을 함으로써 차가운 어둠의 미래로 걸어가는 우를 범하곤 한다. 현명한 판단은 강한 체력과 건강한 잠을 통한 정신력이 조합될 때 비로소 가능하다. 미 클렘슨 대학의 준 필처 교수는 충분한 수면이 쉬운 선택의 유혹을 피해 어려운 선택을 내릴 수 있게 하는 에너지를 공급한다고 밝혔다. 또한 그의 연구에 따르면 부족한 수면으로 결정능력이 손상되면 유해한 중독에 저항하는 힘이 약해져, 도박, 과소비, 게임 같은 유혹에 넘어갈 가능성이 급증하는 것으로 밝혀졌다.

구소련이 자주 구사했던 기본 협상전술 중 하나는 상대의 심신을 쇠약상태로 몰고 가 판단력이 흐려지게 하는 것이다. 제2차 세계대전을 정리하는 얄타회담에서 협상에 나선 스탈린은 정신적으로 쇠약했던 루스벨트의 상태를 간파하고 강하게 밀어붙여 협상에서 큰 이득을 취했다.

수면부족으로 정신이 혼미해져 참사를 빚은 또다른 사례가 있다. 일본은 제2차 세계대전 패망 직전 이해할 수 없는 행동을 했다. 가미카제가 등장했고, "천황, 만세"를 외치는 병사들은 개미처럼 전장으로 나섰다. 남태평양 과달카날 섬에서 벌어진 전투에서 보인 일본

군의 태도는 특히나 이해할 수 없는 것이었다. 엄폐물도 없는 모래사장에서 무모하게 돌격하다가 미군의 집중사격을 받고 전멸하는가 하면, 5일이나 자지 않고 행군한 뒤 휴식도 없이 기진맥진한 상태로 바로 공격에 돌입, 참패하기도 했다. 이 '괴상한' 행동의 이유는 미군에 잡힌 일본군 포로들의 입을 통해 밝혀졌다. 그들은 마치 최면에 걸린 것처럼 하나같이 "천황 폐하에 대한 충성심이면 모든 것을 이긴다"라고 말했다.

"졸려요" "잠이 와요" "쉬고 싶어요"라고 말할 때마다 충성심이 모자라고 정신력이 해이하다고 몰아붙이니 어떻게든 죽을힘을 다해 행군했던 것이다. 그러다 정작 적 앞에 가서 총을 쏘고 육박전을 벌여야 할 때는 눈꺼풀이 내려오고, 발이 슬로비디오처럼 느리게 움직이는 상황이 되어버리니 전멸할 수밖에. 결국 일본군은 과도하게 정신력을 강조한 것이 자충수가 되어 전쟁에서 패한 것이다.

병원균은 숙주인 인간의 몸에 침투할 때 가장 먼저 신경을 공략해 잠을 못 자게 만든다. 이로써 면역력이 떨어지면 온갖 병원균이 침투한다. 반대로 우리 몸도 병에 걸렸다 싶으면 충분한 잠으로 체력을 회복해 병균과 한판 승부를 벌인다. 즉 '잠'은 건강과 병이 다투는 전쟁인 셈이다. 그러니 질병에 강력하게 대응하고, 온갖 스트레스에서 오는 부담감을 이겨내며, 현명한 판단을 내리기 위해서는 잠이라는 전쟁에서 밀리지 말아야 한다.

분노조절 못하는 아이들, 모두 잠 탓이다!

우리 아이들이 수면부족에 시달리고 있다는 사실은 그리 새로운 뉴스가 아니다. 아침 7, 8시면 학교에 가고, 방과 후 학원을 다녀온 뒤 숙제까지 하고 잠자리에 들면 밤 12시가 넘는 날이 부지기수다. 부모는 이 같은 사실을 잘 알지만, 내 아이만 뒤처질까 걱정되어 각종 건강식품을 먹여가며 아이의 체력 보강에 힘을 쏟는다. 충분한 수면시간을 확보해주는 대신 말이다.

실제 전국의 초등학교 고학년생과 중고등학생 9521명을 대상으로 한 한국청소년정책연구원의 설문조사(2013년)에 따르면 학생들의 평균 수면시간은 7시간 6분으로 나타났다. 미국수면재단이 권장한 8~10시간에 한참 못 미치는 수치다. 좀더 구체적으로 살펴보면 초등학교 고학년생의 평균 수면시간은 8시간 19분, 중학생은 7시간 12분, 고등학생(특성화고 제외)은 5시간 27분이었다. 2009년 자료와 비교했을 때 초등학교 고학년생과 중학생은 10분 정도, 고등학생은 1시간 정도 감소한 것으로 나타났다.

평균 수면시간 외에 더 충격적인 결과는 '최근 1년간 자살을 생각해본 적이 있는가?'라는 질문에 무려 36.9퍼센트에 달하는 학생이 '그렇다'라고 응답했다는 것이다. 그 이유는 학교성적(40.4퍼센트), 가족 간의 갈등(27.6퍼센트) 등 다양했다.[4] 아이들의 수면시간과 자살 결심 사이엔 어떤 상관관계가 있는 걸까? 송재룡 경희대 교수는 집단적 수면부족상태에 놓이면 불안감이 커지고, 그로 인해 부정적이고 공격적인 성향으로 바뀌기 쉽다고 말한다.

"욱하는 문화, 자살 증가, 불안·우울상태 모두 수면과 직간접적인 인과관계에 있다. 잠을 충분히 못 잔 아이가 공격적으로 변한다는 독일 연구 결과도 있다. 그런 사람이 많아지면 국가적 수면부족 문화가 형성돼 바람직하지 않고 위험한 분위기가 형성된다."[5]

청소년기의 폭행이나 자살 사건은 대부분 순간적인 분노나 충동을 참지 못해서 발생한다. 원인은 성적, 외모, 이성교제, 가정불화, 상대적인 열등감 등 개인적이고 소소한 문제인 경우가 많다. 일례로 최근 한 여고생은 '쳐다본다'는 이유만으로 또래들에게 집단폭행을 당해 의식불명상태에 빠졌다가 사건 발생 13일 후 결국 사망했다.[6] 또다른 여고생은 동급생과의 학업경쟁에서 밀렸다는 생각에 번개탄을 피워 스스로 생을 마감했으며, 6개월 정도 교제한 여자친구가 헤어지자고 하자 '죽어버리겠다'는 메시지를 남기고 스스로 목숨을 끊은 10대 남학생도 있었다.[7] 순간적인 감정조절 실패로 끔찍한 선택을 하고 만 것이다.

물론 수면부족이 앞서 언급한 사건들의 근본적인 원인이 될 수는 없지만, 수면문제는 이 같은 사건이 벌어지기까지 직간접적으로 영향을 미칠 수 있다. 잠이 부족하면 정서적으로 불안정해질 수밖에 없다. 우울하거나 불안한 느낌을 자주 가지게 되고 조그마한 일에도 쉽게 짜증을 내거나 화를 낼 수 있다.

수면은 육체적으로 지친 몸을 회복하는 역할을 하기도 하지만, 감정을 조절하는 등 정신적으로도 중요한 역할을 한다. 특히 꿈꾸는 수면단계인 렘Rapid Eye Movement, REM 수면 동안에는 기억이 정리되고 감정이 조절되거나 회복되는 과정을 겪는다. 이러한 렘수면단계는 주로 수면 후반부에 나타나는데, 잠이 부족하면 이 과정을 제대로 겪지 못해 회복기능에 문제가 발생한다. 수면시간이 짧으면 감정조절능력뿐 아니라 기억 및 학습능력이 떨어지는 이유도 여기에 있다. 그러니 아이들의 학습능력을 향상시키기 위해서는 적절한 수면시간을 우선적으로 확보해주는 일이 중요하다.

작은 일에 욱하고, 별것 아닌 일로 극단적인 생각을 하는 등의 감정조절문제는 그저 '요즘 아이들'의 문제가 아니라, 제대로 잠을 잘 수 없는 입시 위주의 교육환경에서 비롯된 것일 수 있다. 아이들을 야단치고 가르치는 것보다 더 중요한 일은 그들이 스스로 감정을 통제할 수 있도록 조절하는 시간, 즉 수면시간을 확보해주는 것이다. 충분한 수면은 몸도 정신도 건강한 아이로 성장하는 데 가장 빠른 지름길일 수 있다는 사실을 기억하자.

건강하게 잠자기 위한 팁

1. 질과 양을 같이 잡아라.

그저 자는 시간이 많다고 잘 자는 것이 아니다. 침실의 환경, 본인의 수면 스타일 등을 관찰해 수면의 질을 높여야 한다. 적정 수면시간을 확보하기 위해서는 스케줄 조정을 병행해야 한다. 며칠 정도는 밤샘할 수 있겠지만 리듬이 깨진 수면생활은 나이가 들수록 점점 더 몸에 큰 무리를 준다. 장기간의 수면부족이나 과도한 수면은 인지기능 저하를 촉진한다.

2. 젊어서 잠은 사서도 잔다.

청년기, 중년기의 잠은 노년기의 기억력에 큰 영양분이 된다. 단기간의 수면방해로 인한 인지력 손상은 충분한 잠으로 회복할 수 있지만, 장기간 지속된다면 영구적으로 뇌에 충격을 줄 수 있다. 또한 잠의 양과 질은 나이가 들수록 줄어드는데, 젊었을 때 질이 나쁜 잠을 잤던 사람들은 노년에 기억력 손상속도가 빨라질 수 있다.[8] 그러니 젊었을 때 사서라도 해야 할 것은 고생만이 아니다. 잠 역시 사서라도 자야 한다.

3. 20~30분간의 낮잠은 '건강 119'와 다름없다.

짧은 낮잠은 전날의 나쁜 수면으로 인해 떨어진 면역체계를 회복해주고, 각성도를 높여주며, 새로운 정보를 기억하고 되살리는 일을 도와주는 것으로 알려져 있다.[9]

"잠을 못 잤다고
자랑하는 사람을 보면
가여운 생각이 들어요"

〈마녀사냥〉이라는 TV 프로그램이 있다. 남녀 사이에서 발생하는 다양한 고민에 대해 이야기를 나누는 방송인데 '낮져밤이' '낮이밤져' 같은 용어를 유행시켰다. '낮져밤이'란 낮에는 상대에게 끌려다니고 온순한 편이지만 밤이 되면 돌변하는 스타일, '낮이밤져'란 낮에는 모든 것을 주도적으로 이끌다가도 밤이 되면 소극적으로 변하는 스타일을 뜻한다. 개인에 따라 선호하는 연애 상대의 스타일은 바뀌겠지만, 비즈니스 그리고 인생에서는 '낮이밤이'가 되어야만 승리를 거머쥘 수 있다.

　미국 최고 언론사 중 하나인 허핑턴포스트의 발행인 아리아나 허핑턴은 요즘 강의를 하러 다니느라 바쁘다. 주제는 성공비결이나 언론인으로서의 역할이 아닌 바로 수면이다. 이 열혈 비즈니스우먼은 얼마 전까지 잠을 아껴가며 일하다가 과로로 실신하는 바람에 얼굴을 꿰매는 심각한 부상을 입었다. 정신을 잃고 넘어져 얼굴을 다친 것이다. 긍정적인 그녀는 이 부상을 웃어넘겼지만, 뭔가 잘못되었다는 생각마저 넘겨버리지는 않았다. 그녀는 수많은 의사와 전문가를 찾아다니며 조언을 구했고, 그동안 수면에 대해 가졌던 잘못된 생각을 180도 바꿈으로써 삶을 변화시키고 있다. 그녀는 수면이 리더의 능력과 직결된다고 강조한다.

"머리가 좋다고 좋은 리더라고 할 수는 없습니다. 좋은 리더란 타이태닉이 빙산에 부딪히기 전에 곧 다가올 빙산을 보는 사람이죠. 우리 주변에는 이런 빙산과 같은 위험이 아주 많이 널려 있어요. 하지만 24시간 촉각을 곤두세워야 하는 리더가 수면부족에 시달린다면 과연 그 위험을 내다볼 수 있을까요? 잠을 못 잤다고 자랑하는 사람을 보면 가여운 생각이 들어요. 수면부족이야말로 엉터리 결정을 내리게 하는 주범인데 말이죠."[10]

'낮이밤이형 인간'으로 거듭난 허핑턴의 주장처럼 수면부족에 대한 문제의식과 수면의 중요성에 대한 인식은 나날이 커지고 있다. 일례로 중국의 한 민간 항공사가 갑자기 비행기 출발시간을 지연시킨 적이 있었다. 비행기 결함이나 항공사의 문제가 아니었다. 이유는 다름 아닌 기장의 '수면부족'이었다. 항공사측은 항공기를 운항하려면 기장이 최소 14시간 이상 휴식과 수면을 취해야 하는데, 전날 비행기가 연착하여 기장이 충분히 자지 못했으니 다음 비행을 늦춰야 한다고 설명했다. 그까짓 잠 때문에 수백 명이 타는 비행기를 띄우지 않는 거냐는 항의가 빗발쳤지만, 안전운항을 위해 적절한 수면시간 확보만큼은 절대 양보할 수 없다며 항공사도 물러서지 않았다. 다른 문제를 차치하고 적어도 이 항공사는 '수면'이 '일'에 얼마나 막대한 영향을 끼치는지 알고 있었던 것이다.

아이를 밀폐된 차에 방치한 아빠의 사연

과로와 스트레스에 지친 남자가 아침에 겨우 눈을 떴다. 그는 세수를 하는 둥 마는 둥 허겁지겁 서둘러 집에서 나온 뒤 회사 주차장에 황급히 차를 세우고 겨우 출근시간에 골인했다. 졸린 눈을 비비고 일에 파묻힐 시간, 아내에게서 전화가 왔다. 아이를 유치원에 잘 맡겼느냐는 말을 듣고서야 남자는 정신이 번쩍 들었다. 아이와 차에 같이 탔다는 사실 자체를 깜빡했던 것이다. 아이는 밀폐된 차 안 뒷좌석에 혼자 잠들어 있었다. 다행히 아이는 무사히 유치원에 갈 수 있었지만 자칫 끔찍한 사고가 벌어질 수 있었던 일이었다.

〈토이 스토리〉로 유명한 애니메이션 제작사 '픽사'에서 실제로 일어난 일이다.[11] 하마터면 인명사고로 이어질 수 있었던 이 사건을 겪은 픽사는 바로 직원들의 휴식을 위한 제도 정비에 나섰다. 근무시간의 상한을 정해 야근할 경우 반드시 회사의 승인을 받게 했으며, 직원들이 최소한의 정신적·신체적 컨디션을 유지할 수 있도록 각종

지원을 아끼지 않았다. 과도한 피로가 어떤 참사를 빚을 수 있는지를 경험한 결과였다.

물론 픽사 직원의 이야기는 다소 극단적인 사례이기는 하지만, 잠을 충분히 자지 못하거나 밤잠을 설친 다음날 하루종일 정신이 몽롱하거나 기억이 잘 나지 않는 경험을 누구나 한 번쯤 해봤을 것이다.[12] 먼저, 렘수면단계가 충분히 유지되어야 기억력에 문제가 생기지 않는데, 만성적으로 수면이 부족하면 수면 후반부에 집중된 렘수면단계를 거치지 않기 때문에 기억력에 영향을 줄 수밖에 없다. 또한 만성 수면부족이 되면 고혈압, 당뇨, 심혈관질환의 위험성이 증가하는데, 이런 심혈관 이상은 뇌로 들어가는 혈류를 감소시킨다. 뇌 혈액 공급에 문제가 생기면, 뇌의 활동에 필요한 산소와 당분의 공급이 부족해져 뇌기능에도 좋지 않은 영향을 미친다. 또한 동물실험 결과, 수면이 부족하면 뇌에 단백질이 쌓이는데, 이 단백질이 기억력 감퇴와 관련이 있는 것으로 나타났다.

그런데 흥미로운 사실은 잠을 너무 많이 자도 비슷한 현상이 나타난다는 것이다. 평소 너무 적게 자는 사람뿐 아니라 너무 많이 자는 사람도 이런 생활이 장기간 지속되면 인지기능이 저하될 수 있다. 한 연구에 따르면 6시간 이하 혹은 9시간 이상 자는 사람은 기억력이나 언어구사력 등이 떨어지는 것으로 나타났다. 최근 들어 기억력이 나빠졌다거나 발음이 잘되지 않는 사람은 자신의 수면시간부터 살펴볼 필요가 있다.[13]

수면의 양뿐 아니라 질 또한 중요하다. 많은 시간을 잤다고 해도 깊은 잠을 자지 못하거나 중간에 자주 깼다면, 다음날 피곤을 느끼고 예민해지며 쉽게 짜증을 내게 된다. 만약 이러한 상황에서 중요한 결정을 내려야 한다면 빠른 시간 안에 올바른 결정을 내리기 어려울 수 있다. 동료와 협업을 할 때도 분쟁이나 다툼이 쉽게 발생해 그 과정이 매끄럽게 진행되기 어려울 수 있다.

예전에는 잠을 적게 자고 높은 성과를 내는 것이 미덕으로 여겨졌지만, 요즘은 효율적인 시간관리와 배분으로 높은 성과를 내는 것이 개인과 회사, 고객 모두를 만족시키는 지름길이다. 과거와 달리 지금은 두뇌를 써야 하는 일이 훨씬 더 많아졌기 때문이다. 3000여 명을 대상으로 7년간의 수면습관과 결근내역을 분석한 한 연구에서도 7, 8시간 자는 사람이 결근도 덜 하는 것으로 나타났다. 장기적으로 보면 오히려 적절한 수면을 취하는 직원이 더 성실하게 직장생활을 한다는 사실을 증명하는 사례다.[14] 실제로 최근 몇몇 회사는 오후 1시에서 4시 사이에 30분간 낮잠을 자도록 권장해 직원들이 보다 능률적으로 업무시간을 보낼 수 있게 하고 있다.

수면에 대한 관심은 경제, 산업 분야뿐 아니라 운동 분야에서도 높아지고 있다. 고도의 집중력과 활동성이 필요한 운동선수들도 보다 질 좋은 수면을 취하기 위해 노력을 기울이고 있다. 일례로 영국 프리미어리그의 맨체스터시티는 선수들에게 수면을 유도하는 패턴이 그려진 벽지, 특별한 매트리스와 베개가 구비된 침실을 제공한

다. 다음날 최고의 컨디션으로 경기에 임할 수 있도록 최상의 수면 환경을 조성해주는 것이다.[15]

자, 이제 잠에 대한 생각의 전환이 필요한 시점이다. 분명 밤잠을 아껴가며 노력하는 것은 성공의 필요조건이다. 하지만 잠을 아끼는 것이 충분조건이라고 생각하면 안 된다. 길고 질긴 인생과 비즈니스에서 성공하려면 슬립 스마트sleep smart, 즉 똑똑하고 현명하게 잘 줄 아는 지혜가 필요하다.

Chapter 2

✕

잠에 관한 진실 혹은 거짓

"일만 하고 휴식을 모르는 사람은
브레이크 없는 자동차처럼 위험하기 짝이 없다."

— 존 포드

늦잠 자는 이유,
단지 게을러서?

몇 년 전 『아침형 인간』이라는 일본 책이 베스트셀러가 되며 큰 화제를 불러일으켰다. '아침을 지배하는 사람이 성공한다'는 메시지를 담고 있는 이 책은 아침에 일찍 일어나는 것이 가장 바람직한 습관이자 성공의 비결이라고 강조했다. 책을 읽은 사람들은 너도나도 아침형 인간이 되기 위해 알람시계를 한두 시간씩 앞당겨 설정했고, 운동을 하거나 신문을 읽거나 어학원 등을 다니며 아침시간을 자기계발에 할애했다. 일찍 일어나지 못하면 스스로의 의지력을 탓했고, 일찍 일어나는 것만으로 성공에 한걸음 다가갔다고 여겼다. 하지만 사람들이 놓친 아주 중요한 사실이 하나 있었다. 모두가 아침형 인간이 될 수는 없으며, 자신에게 맞지 않는 수면패턴을 유지하면 역으로 집중력과 판단력이 떨어질 수도 있다는 것이다.

통계적으로 10명 중 1명만이 아침형 인간이 될 수 있다. 그리고 2명은 저녁형 인간, 가장 큰 분포를 차지하는 7명은 아침형도 저녁형도 아닌 중간형 인간이다. 대다수를 차지하는 중간형 인간은 본인이 처한 상황에 따라 유연하게 대처가 가능한 '가변형' 인간이다. 환경적 상황, 신체적 특징에 따라 아침형이 될 수도 있고 저녁형이 될 수도 있다. 그렇다면 무엇이 누군가는 아침형 인간으로 만들고 누군가는 저녁형 인간으로 만드는 것일까?

영국 레스터 대학교 유전학부 에런 터버 교수팀은 초파리 유전자를 분석해 80여 개의 유전자가 생체리듬을 결정한다는 사실을 발견했다(초파리는 사람과 유전자가 70퍼센트 이상 같아 꽤 유의미한 결과를 얻을 수 있다).[1] 이 유전자들이 바로 아침형과 저녁형 인간의 결정에 관여하는데, 이 같은 연구 결과는 수면패턴이 선천적으로 타고나는 부분이 많다는 사실을 방증한다. 아침에 잘 일어나느냐 못 일어나느냐는 의지력이나 노력의 문제가 아니라 체질의 문제일 가능성이 높다.

유전자뿐 아니라 호르몬 분비의 차이도 아침형 인간과 저녁형 인간을 결정한다. 세로토닌은 수면을 조절하는 멜라토닌을 만드는데, 세로토닌이 부족한 경우 멜라토닌을 적게 만들어 쉽게 잠들 수 없도록 한다. 세로토닌이 적은 우울증 환자 대부분이 불면증으로 고생하는 것도 이런 이유 때문이다.

생활주기에 따라 아침형과 저녁형이 나누어지기도 한다. 특수한 직업을 가졌거나 불규칙한 생활패턴을 가지고 있다면 24시간 주기

	아침형	저녁형
각성	망설임 없이 일어난다	일어나기 힘들어한다
식욕	식욕이 왕성하다 아침밥은 꼭 먹는다	위장이 약하고, 식욕도 없다 아침은 거의 먹지 않는다
집중력	오전에 집중력이 절정이다 창의적인 발상도 아침에 떠오른다	오전은 거의 몽롱한 상태다 오후부터 서서히 집중력이 높아진다
성격	적극적이며 행동형이다 작은 일에 크게 신경쓰지 않는다	소극적이며 심사숙고하는 편이다 다소 예민하고 신경질적인 면이 있다
수면시간	잠자리에 들자마자 깊은 잠에 빠져들어 짧은 시간 수면을 취한다	밤샘도 거뜬히 해낸다 깊은 잠에 빠져들기까지 아침형 인간보다 더 긴 시간을 요한다

[아침형과 저녁형의 특징]

가 아닌 자신만의 주기를 기준으로 몸이 맞춰지기 때문에 저녁형 인간이 되기 쉽다. 그러니 무조건 아침형 인간이 되기 위해 노력할 것이 아니라, 먼저 자신이 아침형에 적합한지 저녁형에 적합한지부터 알아내는 것이 높은 성과를 낼 수 있는 지름길이다. 인기 만화『딜버트』의 작가 스콧 애덤스는 자신의 수면성향을 정확히 파악해낸 것을 성공비결로 꼽는다.

"저는 저의 리듬을 알고 있습니다. 그래서 오전에 모든 작업을 하고, 12시가 넘어가면 절대 창조적인 일을 하지 않죠. 오후에는 빈둥거리며 산책을 하거나 운동을 합니다. 저는 극단적인 아침형이라 오전 6, 7시까지만 만화 스토리를 생각합니다. 제가 아침형이라는 사실을 발견하고 만화가로서의 창조성을 끌어낼 수 있었습니다."[2]

마지막으로 흥미로운 조사 결과 한 가지. 세계적인 리서치 기관인 AC닐슨은 한국을 세계 3위의 올빼미 국가로 발표했다. 미국 등

잠에 관한 진실 혹은 거짓

28개국, 1만 4100명을 대상으로 조사했더니 12시 이후 잠자는 국민이 많은 올빼미 국가 1위는 포르투갈이었고, 2위는 타이완, 3위는 한국이 차지했다.[3] 또한 한국인은 일주일 중 토요일 저녁 평균 취침 시간이 11시 29분으로, 토요일에 가장 늦게 자는 것으로 나타났다.[4] 이런 올빼미들이 아침형 인간이 되겠다고 새벽부터 일어난다니! 일찍 일어나 멍하니 있는 것보다는 차라리 늦게 일어나는 편이 낫지 않겠는가.

나는 '단시간 수면형'일까, '장시간 수면형'일까

하루에 필요한 절대 수면시간은 몇 시간일까? 대부분의 사람들이 7, 8시간을 적당한 수면시간이라고 알고 있다. 그래서 되도록 그 시간을 확보하려 노력하고, 7시간을 채 자지 못하면 잠이 부족하다고 생각한다. 하지만 정말 그럴까? 8시간만 자면 우리는 모두 충분한 잠을 잔다고 말할 수 있는 걸까?

세명대학교 저널리즘스쿨 제정임 교수가 우리나라 사람들의 하루 평균 수면시간을 조사했더니 '6, 7시간'이라고 대답한 사람이 전체 응답자의 37.4퍼센트로 가장 높게 나타났다. '7, 8시간'도 23.2퍼센트나 됐다.[5] 가까운 일본의 경우도 비슷했다. 평균 수면시간이 '7, 8시간'인 사람이 35퍼센트로 가장 많았고, '8, 9시간'인 사람이 25퍼센트 가까이 됐다. 이 같은 통계로 보면 사람들은 보통 7~9시간 정도 자며, 많은 사람이 7, 8시간을 평균적인 수면시간이라고 생각한다는 사실을 알 수 있다.

하지만 결론부터 말하자면 수면시간에 절대적인 기준은 없다. 사람에 따라 아침형 인간과 저녁형 인간 등으로 나뉘듯이 하루에 필요한 수면시간 역시 사람마다 다르다. 나이, 성별, 생활환경, 직업 등에 따라 필요한 수면시간이 달라지는 것이다. 누군가는 5시간을 자도 충분하고, 반대로 10시간은 자야 충분한 사람도 있다. 또한 같은 사람이라 하더라도 생활환경에 따라 수면시간이 달라지기도 한다. 일반적으로 해가 짧은 11월과 12월에는 수면시간이 조금 길어지고, 해가 긴 7월과 8월에는 수면시간이 짧아진다. 해가 짧아지고 밤이 길어지면 그만큼 인간의 수면시간도 함께 늘어나는 것이다.

그렇다면 적게 자도 되는 사람(단시간 수면형)과 많이 자야 되는 사람(장시간 수면형)은 어떤 차이가 있을까? 이는 피로회복의 정도에 따라 달라지는 것으로, 다시 말해 '수면 대비 피로회복 효율성'에 따라 필요한 수면시간이 다르다. 일반적으로 단시간 수면형은 6시간 이하의 수면으로도 충분히 피로회복이 가능한 사람, 장시간 수면형은 9시간 이상 자야 피로가 풀리는 사람이다.

흥미로운 사실은 이 수면형에 따라 성격도 차이가 난다는 것이다. 장시간 수면형은 내성적이고 신경질적이지만 창의력이 높아 예술가가 많다. 대표적인 사람이 아인슈타인인데 그는 무려 10시간 이상을 자야만 일할 수 있었다고 한다. 단시간 수면형은 사교적이고 열정적인 성향을 가지고 있어 기업가나 정치인 등에서 많이 나타난다. 나폴레옹이 그러했고, 위대한 대통령들을 보면 거의 잠이 없는 사람들이었다.

가장 중요한 것을 잊고 있지 않은가

국내의 특급 호텔, 아니면 언론에 많이 소개되는 세계적으로 유명한 호텔을 떠올려보라. 제일 먼저 무엇이 떠오르는가? 멋진 외관? 최고의 서비스? 호텔 내부의 초특급 인테리어? 최고의 주방장이 요리하는 레스토랑에서의 식사? 우리가 떠올리는 것 대부분은 여기서 크게 벗어나지 않으며, 호텔을 소개하는 글을 봐도 모두 이러한 부분에 초점을 맞추고 있다. 그런데 '호텔'의 존재 이유를 한번 생각해보자. 호텔은 원래 무엇을 위해 만들어진 공간인가. 여행지에서 잘 곳이 없는 사람들을 위해 안락하게 하룻밤 지낼 수 있도록 서비스하는 곳이 아니던가. 그렇게 생각하면 호텔의 본질은 '잠'이다. 잠을 편히 잘 수 있는 곳이 최고의 호텔이 되어야 한다.

일본의 슈퍼호텔은 현재 92개점이나 있을 만큼 일본 내에서는 초대형 비즈니스호텔이다. 과거 20년간 경기침체를 맞은 일본의 경제 상황 속에서도 슈퍼호텔은 매년 큰 폭의 성장세를 이루며 고객만족도 1위, 고객이용률 70퍼센트, 객실가동률 90퍼센트의 기록을 자랑했다. 어떻게 그 어려운 위기를 견뎌낼 수 있었던 것일까?

경기가 어려워지자 대부분의 호텔은 고객의 발걸음을 잡기 위해

서비스나 기타 시설에 초점을 맞췄다. 하지만 슈퍼호텔의 경우 서비스에 초점을 맞추면 원가와 비용 등의 문제로 운영 자체가 어려웠다. 그때 이 호텔이 생각한 것은 호텔의 본질이었다. 호텔은 바로 잠을 자기 위한 곳이었다. 그래서 그들은 모든 것을 버리고 딱 하나, 잠만 잡았다.

이 호텔에는 안내데스크가 없다. 손님은 셀프로 체크인 기계에 결제하고 방 번호를 받아 입실한다. 방에는 전화기도 미니바(술, 초콜릿 등이 들어 있는 소형 냉장고 및 주변 탁자)도 없다. 추가 정산이 없기 때문에 다음날 별다른 절차 없이 그냥 체크아웃하면 된다. 이렇게 아무것도 없지만 잠에 대해서만은 럭셔리급이다. 큰 진열장에 높이와 재질, 크기별로 수십 종의 베개가 있다. 고객은 쇼핑하듯 베개 진열장을 둘러보며 원하는 것을 골라 잠자리에 드는 호사를 누릴 수 있다. 잠을 자는 데 방해가 되는 소음도 철저히 차단했다. 또한 두 명이 누워도 충분히 넉넉한 침대를 배치했고, 조명도 숙면을 고려해 달았다.

여기서 끝이 아니다. 최고의 컨디션을 완성하기 위해서는 잠뿐 아니라 아침식사도 중요하다는 사실을 고려해, 10만원 정도에 불과한 숙박요금이지만 충실한 아침식사를 제공했다. 그래서 한 번 숙박했던 방문객이 꾸준히 찾는 호텔로 정평이 났다. 화려한 부대서비스가 아니라 숙면이라는 본질에 집중해서 위기를 돌파한 슈퍼호텔은 수익을 창출한 것은 물론 명성까지 얻을 수 있었다.

잠도 마찬가지다. 잠의 본질은 잘 자는 것이다. 그러니 몇 시간은 반드시 자야 한다는 이론에 얽매일 필요는 없다. 우리 몸은 다소간의 불규칙한 생활도 받아들일 수 있다. 아니, 다소간의 불규칙성이 있어야 오히려 몸이 긴장하는 메커니즘으로 설계되어 있다. 약간 굶주린 상태에서 오히려 정신이 맑아지는 것이 한 예다. 결국 중요한 것은 몇 시간을 자느냐가 아니라, 얼마나 편안하게 자느냐다. 자신에게 적합한 수면을 체크하기 위해 다음의 세 가지를 확인해보자.

첫째, 나에게 적절한 수면시간은 몇 시간인가?

여기서 말하는 '수면시간'이란 다음날 일상생활이나 사회생활을 하는 데 큰 무리가 없는 전날 밤의 수면시간을 말한다. 6시간을 자도 졸리지 않다면 그 시간이 적정 수면시간이다. 반면 8시간을 자도 졸리면 적정 수면시간은 9시간이나 10시간이라는 뜻이다.

둘째, 나에게 적절한 수면위상sleep phase**은 어떤 형태인가?**

'수면위상'이란 하루 중 잠을 잔 시간의 위치를 말하는데, 보통 잠을 자기 시작한 시간(누운 시간)과 잠을 끝낸 시간(일어난 시간)을 기준으로 평가한다.

예를 들어, 나이가 들면서 초저녁잠은 많아지고 새벽잠은 없어지는데, 이런 경우 '수면위상이 앞으로 당겨졌다(전진했다)'라고 표현하며 흔히 '아침형'이라고 한다. 청소년이나 대학생처럼 젊은 사람은 늦게 자고 늦게 일어나는 일이 많은데, 이런 경우 '수면위상이 뒤로 밀렸다(지연됐다)'라고 표현하며 '저녁형'이라고 한다. 조사마다, 연령마다 다를 수 있지만 일반적으로 대부분의 성인은 전진형, 지연형도 아닌 중간형 수면위상을 보인다.

셋째, 나에게 적절한 수면습관은 무엇인가?

운동은 숙면을 위해 꼭 필요한 요소다. 특히 낮 동안의 규칙적인 운동은 숙면에 많은 도움을 준다. 하지만 자기 직전의 운동은 우리 몸의 흥분 및 각성상태를 증가시키기 때문에 수면에 방해가 된다. 따라서 가급적 늦은 오후 또는 초저녁에 운동을 마치는 것이 좋으며 취침 2, 3시간 전의 운동은 피해야 한다.

낮잠을 잘 이용하면 깨어 있는 동안 활력 있게 생활하는 데 많은 도움을 얻을 수 있다. 하지만 낮잠도 잠자는 때와 시간에 대한 간단한 원칙이 있으니 기억해두는 것이 좋다. 바로 '오후 3시 이전에 20~30분 이내로 자는 것'이다. 오후 3시 이후에 자거나 30분 이상 자는 것은 그날 밤 잠드는 데 영향을 미칠 수 있기 때문에 권장하지 않는다.

수면자세도 중요한데, 가장 좋은 것은 편안함을 느끼면서 쉽게 잠드는 자세다. 그러나 환자의 경우에는 수면자세가 질환의 개선과 악화에 영향을 미칠 수 있으므로 주의가 필요하다. 예를 들어, 코골이나 수면무호흡증이 있는 사람은 똑바로 누워서 잘 경우 수면호흡장애가 심해질 수 있으므로, 이럴 때는 가능한 한 옆으로 누워서 자는 것이 좋다.

잠에 관한 진실 혹은 거짓

나의 '수면 빚',
'폭잠'으로 갚을 수 있을까

식욕과 더불어 수면욕은 인간의 기본 욕구 중 하나다. 먹지 않고, 자지 않고 견딜 수 있는 사람은 아무도 없기 때문이다. 여기서 질문 하나. 두 가지 중 우선순위는 어떤 욕구일까? 잠을 참는 것이 더 힘 들까, 배고픔을 참는 것이 더 힘들까?

우리가 이 무모한 도전을 굳이 시도하지 않더라도 괴짜들의 기네 스 기록을 통해 어느 것이 더 참기 힘든지 바로 알 수 있다. 세계 기 네스 기록에 따르면 잠을 자지 않고 깨어 있었던 기록은 264시간 12분(약 11일), 먹지 않고 버틴 단식의 기록은 17일이라고 한다.[6] 이 기록만으로 보자면 수면욕이 식욕에 비해 더 강한 것이다.

264시간 자지 않고 깨어 있기는 1965년 고등학생이던 랜디 가드 너가 세운 기록이다. 그의 도전은 수면학에 귀중한 단초를 제공했다. 가드너가 깨어 있는 시간이 늘어날수록 그에게 벌어진 변화도 함께 기록되었는데, 그는 잠을 자지 않고 깨어 있는 시간이 길어지자 차츰 정서적으로 불안한 증세를 보이기 시작했다. 깨어 있은 지 9일째 되는 날에는 환각과 망상 같은 정신병적 증상을 보였다. 11일째에는 손가락이 심하게 떨렸고, 사고력이 눈에 띄게 감소했다.[7] 모두가 그의 건강상태를 걱정하고 강제로라도 그만두게 해야 하는 것이 아닌지 고민할 때, 그는 스스로 위험한 도전을 멈췄고 집으로 돌아가 깊은 잠에 빠져들었다.

재미있는 것은 그다음부터였다. 사람들은 가드너가 무려 11일 동안 자지 않았으니 적어도 2, 3일은 기절한 듯이 자지 않을까 생각했다. 그런데 뜻밖에도 가드너는 정확히 14시간 40분 만에 깊은 잠에서 깨어났다. 그러더니 곧바로 정상적인 일상생활을 하기 시작했다. 식사량도 정상이었고, 잠을 못 자서 보이던 이상증세도 언제 그랬냐는 듯 없어졌다. 심지어 그를 기다리고 있던 방송사와 아무 일도 없었다는 듯 너무나 멀쩡한 상태로 인터뷰까지 했다. 다음날에는 여느 때와 다름없이 학교에도 갔다. 가드너는 자지 않고 버티기 기록을 세운지 하루 만에, 아니 반나절 만에 완벽하게 정상생활로 복귀한 것이다.

수면학자들은 가드너의 이 도전 기록을 보면서 하나의 가설을 세울 수 있었다. 바로 '잠은 몰아서 자지 못한다'는 것이었다. 그리고 곧 이 가설을 입증하기 위한 실험이 실시되었다. 연구자들은 평소 수면이 부족하기로 유명한 집단인 미국 해병대를 실험대상자로 선정했다. 먼저 선정된 해병대원을 각자 방에 들어가게 한 뒤 실컷 자도록 했다. 평소 수면부족에 시달렸던 탓인지 해병대원들은 실험 첫날 평균 12시간을 내리 잤다. 하지만 둘째 날부터는 정상적인 수면 패턴을 보였고, 실험 마지막날에는 8시간만 잤다.[8]

가드너의 사례와 해병대원들의 실험 결과를 보면 몰아서 자기는 불가능하다는 사실을 알 수 있다. 우리 몸은 아주 피곤하더라도 천천히 모자란 잠을 해결하는 방식을 택하기 때문이다. 그렇다면 앞서도 언급했던 윌리엄 디멘트 박사는 왜 모자란 수면시간을 '수면 빚'이라고 칭하며 반드시 갚아야 한다고 했을까? 앞선 실험을 보면 꼭 그렇지만도 않은데 말이다. 그것은 수면 빚은 우리가 아는 대출 빚과는 갚는 방식이 조금 다르기 때문이다. 은행 대출금이야 한꺼번에 갚을 수도 있고 나누어서 갚을 수도 있지만, 수면 빚은 오로지 분할 납부만이 가능하다. 한꺼번에 갚을 수는 없고, 아주 조금씩 나누어 천천히 갚아나가야만 한다. 밀린 잠을 한꺼번에 자는 것도 안 되지만, 잠이 부족할 것을 예상해 미리 더 자두는 일도 불가능하다.

특이한 사실은 이 수면 빚 운용은 다소 적자 운영을 하는 편이 우리 몸에 가장 좋다는 것이다. 즉 부족한 듯 자서 수면 빚을 적당히 지고 가는 것이 최상의 컨디션을 유지하는 데 도움이 된다. 연구에 따르면 잠이 전혀 부족하지 않은 상황이 되면 깊은 잠에 들 때까지 걸리는 시간이 좀더 길어지고, 잠을 자다가 깨는 경우도 늘어난다. 빠르게 잠에 빠져들 수 있고, 한 번에 푹 잘 수 있는 건 수면 빚

나의 수면 빚 진단하기

일상생활에서 깜박 졸 가능성 여덟 가지를 정도에 따라 0점부터 3점까지 기록해 총점을 내보고, 그에 따른 나의 수면 빚을 진단해보자. 깜박 졸 가능성이 전혀 없으면 0점, 조금 있으면 1점, 상당히 있으면 2점, 매우 많이 있으면 3점으로 기록한다.

	0	1	2	3
1. 앉아서 책(신문, 잡지, 서류 등)을 읽을 때				
2. TV를 볼 때				
3. 공공장소(모임, 극장 등)에서 가만히 앉아 있을 때				
4. 정차 없이 1시간 동안 운행중인 차(자동차, 버스, 열차)에 승객으로 앉아 있을 때				
5. 주위 상황이 허락되어 오후에 쉬려고 누워 있을 때				
6. 앉아서 상대방과 이야기할 때				
7. 반주를 곁들이지 않은 점심 후 조용히 앉아 있을 때				
8. 교통혼잡으로 몇 분 동안 멈춰선 차 안에 있을 때				

총점: _____ 점

총점에 따른 결과
0점부터 10점까지: 수면 빚이 거의 없거나 심하지 않은 상태
11점 이상: 수면 빚이 심한 상태(11점 이상인 경우는 수면 빚뿐 아니라 다른 질환, 즉 코골이, 수면무호흡증 등과 같은 수면호흡장애도 동반되어 있는지 확인할 필요가 있음)

[자료: 한국형 엡워스 졸음척도KESS, Korean version of Epworth Sleepiness Scale]

을 적당히 가진 상태일 때 가능하다. 엔씨소프트의 김택진 사장은 '스트레스'에 대해 이런 말을 했다.

"스트레스는 풀면 안 됩니다. 안고 가야 해요. 9회 말 투아웃 만루에 투수는 엄청난 스트레스를 받죠. 그때 감독이 올라가서 '긴장 풀고 최선을 다하면 돼'라고 말해주면 이상하게 져요. 도리어 심호흡을 같이 해주는 것이 도움이 됩니다. 긴장이 필요한 순간에는 긴장이 있어야 하는 거죠."[9]

스트레스가 전혀 없는 상태에서는 오히려 삶이 재미없어지는 역설적인 현상에 대한 말이지만, 수면에도 이 역설이 통한다. 적절한 긴장관계를 안고 가면 쌓인 피로가 말끔하게 해소되고 활력을 불어넣는 잠을 잘 수 있다. 그러니 이제부터라도 수면 빚을 방어율 관리하듯 챙겨보면 어떨까.

밤에 일하고 아침에 자야만 한다면……

잠은 당연히 밤에 자는 것이지만, 그와 반대로 살아가는 사람들도 있다. 병원이나 항공사, 공장 등에서 근무하는 사람들이다. 24시간 쉬지 않고 돌아가는 이곳에서는 2교대, 3교대로 순환하며 사람들이 끊임없이 일한다. 그래서 이곳 사람들에게 밤은 활동의 시간이고 낮은 휴식의 시간이다. 이들은 밤에 일하고 낮에 잠잔다.

사실 이 같은 교대근무가 산업현장에 적용된 것은 그리 오래된 일이 아니다. 24시간 교대근무는 제2차 세계대전 이후 미국에서 도입된 시스템이다. 전쟁 직후 세계 유일 강대국으로 군림하기 시작한 미국은 생산성 끌어올리기에 여념이 없었다. 하지만 지정된 근로시간만으로는 아무리 노동강도를 높인다 해도 한계가 있었다. 밤에도 일할 수 있다는 것을 상상하지 못했던 그때, 누군가가 '왜 공장이 24시간 돌아가면 안 될까'라는 무시무시한 생각을 하게 된다. 매일 24시간 공장을 가동한다면 절대 시간만으로도 하루 세 배나 많은 제품을 생산할 수 있었고, 주말까지 포함한다면 주당 168시간의 근무시간이 확보되었다.

실제 이 같은 시스템이 도입되자 미국의 생산성은 어마어마하게 높아졌고, 산업경쟁력은 물론 국가경쟁력까지 높아졌다. 하지만 그런 생산성의 혜택은 오래가지 않았다. 시간이 지나면서 오히려 역풍을 맞았다. 미국 수면장애연구센터의 토머스 로스 박사는 24시간 근무가 생산성을 향상하기는커녕 금전적 손실을 가져왔다며 구체적인 통계자료를 바탕으로 한 연구 결과를 발표했다. 그는 1996년 미국에서 수면문제로 인해 발생한 금전적 손실이 350억 달러에 이르며, 눈에 드러나지 않는 판단 실수와 경영 오류 등을 생각하면 그 손실액은 더 엄청나다고 지적했다. 수면문제로 인한 손실액에는 생산성 저하, 의료비와 설비 손실액 등도 포함되었다.[10]

금전적인 손실도 손실이지만, 인간이 정상적인 수면리듬을 깨고 자연이 만들어놓은 밤의 영역을 무단으로 침입한 대가는 매우 심각했다. 2013년 영국 서리대 연구팀은 수면의 양과 질이 단지 컨디션 정도가 아니라 우리 몸에 더 큰 영향을 미친다는 사실을 입증했다.[11] 수면이 부족하거나 비정상일 경우 그저 몸이 조금 피곤한 수준에 그치지 않고 유전자 기능까지도 변형된다는 것이다. 한두 개도 아니다. 무려 711개다. 게다가 그 유전자가 관여하는 기능은 모두 면역체계와 스트레스 대응 등 신체의 핵심 기능이다. 뇌나 신체조직에 문제가 있을 때 우리 몸은 유전자를 통해 손상조직을 복원하고 치료하는데, 수면부족이 이 유전자들을 손상시키니 제대로 회복되지 못하는 것이다.

영국 일간지 가디언에 따르면 영국군에게는 포로를 심문하는 법을 알려주는 교본이 있는데 내용 중 수면고문이 들어 있다. 2008년에 제작한 교본에는 눈가리개, 귀마개 등의 고문도구를 이용할 것을 권장하면서 "날마다 8시간씩 취침과 휴식을 허용해야 하지만 4시간씩만 재울 필요도 있다"며 수면시간을 강제로 조정하며 고문하라고 설명돼 있다. 박자가 어긋난 오케스트라가 재앙이듯, 생체리듬이 어긋나면 고문을 받은 것 같은 고통을 느끼게 된다. 외부와 몸의 시계가 어긋난 상황 그 자체가 몸에는 재앙이다. 반대로 몸의 리듬을 생활리듬에 맞춰놓으면 어떤 일이든 집중력이 배가되며 활기찬 생활이 가능해진다.

하지만 어디 모두가 원하는 대로 살 수 있겠는가? 지금처럼 힘겨운 경쟁체제 속에서 살아남으려면 때론 교대근무라도 해야 할 수밖에 없다. 교대근무 때문에 밤낮이 바뀐 사람들, 잦은 야근을 하거나 장거리 출장이 예정되어 있는 등 수면 밸런스가 종종 깨지는 사람들을 위해 몇 가지 팁을 전한다.

1. 근무 시작 전에 잠깐 잠을 잔다. 잠깐의 잠이 수면부족의 충격을 다소 완화해준다.
2. 교대근무가 예상된다면 이전 주말에 충분히 수면을 취한다.
3. 야간근무시 주간과 같은 밝은 빛을 쬐도록 노력한다. 밝은 빛 아래에 있다면 수면각성 사이클이 조정된다.
4. 장기간의 야간근무 또는 장거리 출장시에는 매일 같은 시간에 식사나 간식을 먹도록 해 생체시계의 부담을 덜어준다.
5. 야간근무가 끝나고 귀가할 때는 되도록 선글라스를 쓴다. 태양빛을 통한 생체시계 조정을 막아서 수면에 도움을 준다.
6. 인공 태양빛 발열기구의 구매도 고려해보자. 야간에 출근할 때 인공 태양빛을 쬐이면 생체시계가 조절되어 졸음을 방지해준다.

많이 자면
안 잔 것만 못하다?

2015년 4월 1일, 일본인 할머니 오가와 미사오가 오사카의 한 요양원에서 사망했다는 뉴스가 전 세계적으로 보도되었다.[12] 왜 한 할머니의 죽음에 전 세계의 언론이 관심을 가졌을까? 그건 바로 이 할머니가 세계 최고령자였기 때문이다. 그녀가 태어난 해가 1898년 3월 5일이니 사망한 그해 나이가 117세였다. 할머니는 '세계 최고령'으로 기네스북에 등재되어 있었고 그녀가 살아가는 하루하루가 기록의 연속이었다. 그런 할머니가 117세의 나이로 인생의 마침표를 찍자 많은 사람들이 안타까움을 느끼며, 인간의 수명에 대한 많은 생각을 하게 되었다.

할머니는 생전 자신의 장수비결을 묻는 질문에 '매일 8시간 이상 수면을 취하고, 맛있는 음식을 잘 먹는 것'이라고 말했던 것으로 알려져 있다. 그녀가 '하루 8시간 수면'을 장수의 비결로 꼽은 건 꽤나 인상적인 대목이다. 잠만 잘 자도 오래도록 건강하게 살 수 있다면 그것만큼 쉽고 간단한 장수비결도 없기 때문이다. 하지만 실제로도 그럴까? 잠만 잘 자도 오래 살 수 있을까? 많이 자면 장수할 수 있을까?

우리나라에도 오가와 미사오 할머니만큼은 아니지만 장수의 아이콘이 된 사람이 있다. 바로 〈전국 노래자랑〉 MC로 꾸준하게 방송활동을 하는 방송인 송해씨다. 그는 1927년 4월 27일에 태어났으니 올해 나이가 89세다. 하지만 89세라는 나이가 무색하게 엄청난 기력을 보여주고 있다. 데뷔 60주년을 맞이한 그는 우리나라 현역 최고령 방송인이며 〈전국 노래자랑〉을 30년째 진행하고 있는 최장수 MC로, 아직도 웬만한 젊은이 못지않은 왕성한 활동을 하고 있다. 그런 그가 최근 한 예능 프로그램에서 자신의 장수비결로 '일찍 자고 일찍 일어나는 것' '대중교통을 이용하는 것' '아침에 식사하는 것'을 꼽았다. '가능한 한 밤 10시가 지나기 전에 잠자리에 들고 아침 5, 6시에 일어나서 7시에서 7시 30분 사이에 아침식사를 하려고 노력한다'는 것이다.[13] 세계 최고령 할머니도, 방송인 송해씨도 모두가 장수의 비결로 '잠을 잘 자는 것'을 꼽았다.

두 사람의 사례뿐 아니라, 장수마을 노인들을 대상으로 한 설문조사에서도 비슷한 결과가 나왔다. 2008년 충청남도에서 도내 100세 이상 장수 노인(135명)을 대상으로 '건강상태와 생활습관'

잠에 관한 진실 혹은 거짓

에 대한 설문조사를 진행한 적이 있다.[14] 그 결과를 보면 70퍼센트가 넘는 노인이 술과 담배를 전혀 하지 않았고(술을 마시지 않는다: 79.2퍼센트, 담배를 피우지 않는다: 73.3퍼센트), 상당수 노인들은 낙천적인 성격(37.4퍼센트)과 원만한 대인관계(57퍼센트)를 가지고 있는 것으로 나타났다. 또 여기서도 '평균 8시간 이상 잔다'고 대답한 노인이 65.9퍼센트에 달했다.

수면학은 아직도 완성되지 않은 학문과 같아서 수면이 우리 몸에 끼치는 영향과 역할에 대해 밝혀낸 것도 많지만, 아직 밝혀내지 못한 것도 많다. 그중 하나가 바로 수면과 수명의 상관관계. 수면이 '피로회복'이나 '에너지 재충전'에 도움이 되는 것은 분명하다. 바꿔 말해 수면시간이 부족하면 몸의 회복 또는 재충전의 시간이 짧아져 여러 가지 병에 걸릴 위험이 높아진다. 즉 질병에 감염될 확률이 높아지니 수명도 짧아질 것이라고 추정할 수 있다. 더불어 위의 내용을 토대로 생각해보면 7, 8시간 이상 자는 것은 건강하게 오래 사는 데 꽤 많은 영향을 끼친다는 사실을 알 수 있다. (물론 앞서 말했듯 이건 모든 사람에게 통용되는 법칙은 아니다. 하지만 평균적으로 나타난 수치이니, 참고할 가치는 충분할 듯하다.)

여기서 질문 하나, 7, 8시간을 넘어 9시간 이상 자는 것은 어떨까? 잠이 면역력을 키워주고 몸의 회복을 도와준다면 더 오랫동안 회복하는 게 좋지 않을까?

2010년 『수면Sleep』 저널에 실린 한 메타분석(동일한 주제에 대해 통계적으로 연구한 기존 문헌들을 종합하여 다시 통계적으로 분석하는 방법으로, 좀더 타당하고 통합적인 결과를 도출하기 위한 연구방법)을 주목해보자.[15] 연구자들은 수면시간과 수명의 관계를 조사하기 위해 관련된 모든 문헌을 찾아서 분석했다. 총 16개 문헌, 약 138만 3000명이 그 대상이었다(조사 당시 그중 11만 2566명은 사망한 후였다). 그 결과 대부분의 연구에서 적정 수면시간이라고 나타난 7, 8시간에 비해 짧게 자는 경우 사망위험도가 12퍼센트 더 높아지는 것으로 나타났으며, 적정 수면시간에 비해 길게 자는 경우 사망위험도가 30퍼센트 더 높아지는 것으로 나타났다. 적정한 시간을 벗어나면 그 시간이 짧아도, 많아도 모두 악영향을 끼치고 있었다.

연구자들은 이러한 분석 결과를 바탕으로 '건강을 위해 잠은 하루에 6~8시간 자는 것이 가장 적절하며, 5시간 이하로 자거나 9시간 이상 자는 것은 건강에 좋지 않은 영향을 미쳐 사망위험도를 높인다'고 결론을 맺었다.

『논어』에는 이런 이야기가 등장한다. 어느 날 제자 자공이 공자에게 물었다.

"자장과 자하 중 누가 더 낫습니까?"

제자의 질문에 공자가 대답했다.

"자장은 지나치고 자하는 미치지 못한다."

자공이 반문했다.

"그럼 자장이 더 낫다는 말씀이십니까?"

공자가 대답했다.

"지나침은 미치지 못함과 같다."

과유불급, 지나침은 미치지 못함과 같다는 이 고사성어는 수면에도 정확하게 통용된다. 적게 자도 좋지 않지만 많이 자도 적게 잔 것과 마찬가지로 좋지 않다는 뜻이다. 자, 이제 2015년 2월 미국수면재단이 발표한 '연령별 권장 수면시간'을 통해 나에게 필요한 적정 수면시간을 알아보자.[16] 언론 보도에 따르면 미국수면재단에서는 수면학, 해부학, 생리학, 소아과학, 신경학, 노인학, 부인과학 등 각 분야 전문가들의 의견을 수렴하여 연령별 권장 수면시간을 만들었다. 다음의 표를 참고해 지금 나에게 필요한 수면시간은 얼마인지 제대로 알고, 그 시간을 지키려는 노력이 필요하다.

연령	권장 수면시간	적당	부적당
신생아(0~3개월)	14~17시간	11~13시간 또는 18, 19시간	11시간 이하 또는 19시간 이상
영아(4~11개월)	12~15시간	10, 11시간 또는 16~18시간	10시간 이하 또는 18시간 이상
유아(1, 2세)	11~14시간	9, 10시간 또는 15, 16시간	9시간 이하 또는 16시간 이상
미취학 연령 아동 (3~5세)	10~13시간	8, 9시간 또는 14시간	8시간 이하 또는 14시간 이상
취학 연령 아동 (6~13세)	9~11시간	7, 8시간 또는 12시간	7시간 이하 또는 12시간 이상
10대(14~17세)	8~10시간	7시간 또는 11시간	7시간 이하 또는 11시간 이상
청년(18~25세)	7~9시간	6시간 또는 10, 11시간	6시간 이하 또는 11시간 이상
성인(26~64세)	7~9시간	6시간 또는 10시간	6시간 이하 또는 10시간 이상
노인(65세 이상)	7, 8시간	5, 6시간 또는 9시간	5시간 이하 또는 9시간 이상

[연령별 권장 수면시간]

나의 잠은 어떻게 진행되는가

독일의 화학자 아우구스트 케쿨레가 벤젠의 분자구조를 알아내기 위해 골머리를 앓았을 때의 일이다. 그때까지만 해도 벤젠의 분자구조는 그 어떤 공학자나 화학자도 알아내지 못한 난제 중 하나였다. 몇 날 며칠을 고민하던 케쿨레는 피로를 이기지 못하고 깜빡 잠이 들었다가 꿈을 꾸었다. 뱀이 자기 꼬리를 삼키는 꿈이었다. 잠에서 깨어난 케쿨레는 꿈에서 본 뱀의 모양이 심상찮게 느껴졌다. 그래서 그 모양을 분자구조에 대입해봤고, 결국 자웅동체와 같은 벤젠의 분자구조를 밝혀냈다. 꿈에서 벤젠의 분자구조에 대한 해법을 찾다니, 신의 계시라도 받은 걸까?

또다른 이야기 하나. 노벨화학상을 받은 헝가리의 과학자 센트죄르지는 잠이 주는 오묘한 위력을 이렇게 이야기했다.

"오후에 작업대를 떠난 뒤에도 일이 끝난 게 아니다. 나는 문제에 대해 의식을 놓지 않고 계속 생각하는데, 잠을 잘 때도 내 뇌는 이 문제를 생각하는 듯하다. 왜냐하면 잠에서 막 깨어났을 때, 아니면 한밤중에 갑자기 깼을 때 골치 아프던 문제의 답이 떠오르기 때문이다."[17]

뇌는 밤에 활동했던 정리작업의 흔적을 남기는데, 그것이 바로 꿈이다. 뇌의 정리작업은 하루도 빼놓지 않고 매일 밤 이루어지니, 사실 사람들은 매번 잘 때마다 꿈을 꾼다고 할 수 있다. 그래서 케쿨레처럼 낮 동안의 고민이 꿈으로 연결되어 뇌 속 깊은 곳에 잠재되어 있던 다른 정보와 만나 해답을 알려주기도 하고, 잊고 있었던 몇 년 전 기억이 꿈으로 나타나기도 하는 것이다. 혹시 지난밤 꿈이 떠오르지 않는다면 그건 푹 잤기 때문이 아니라 꿈을 기억하지 못하는 것일 뿐이며, 깨어나는 순간이 꿈을 꾸지 않는 단계에 있었기 때문일 가능성이 높다.

수면은 크게 두 단계로 나뉜다. 렘수면과 논렘수면non-REM이 그것이며, 이중 논렘수면은 3단계로 진행된다. 렘수면은 정신적 피로를 푸는 잠이라고 할 수 있는데, 렘수면 때는 안구가 빠르게 움직이며 뇌파가 깨어 있을 때와 비슷하다. 반면 논렘수면은 육체적 피로를 푸는 잠이다. 논렘수면에 들어가면 우리 몸은 체온을 떨어뜨려 뇌를 쉬게 하고 에너지를 보충한다.

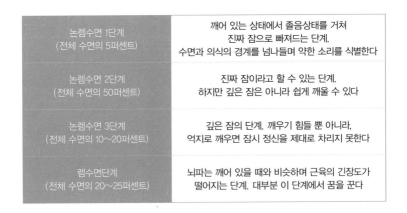

논렘수면 1단계 (전체 수면의 5퍼센트)	깨어 있는 상태에서 졸음상태를 거쳐 진짜 잠으로 빠져드는 단계. 수면과 의식의 경계를 넘나들며 약한 소리를 식별한다
논렘수면 2단계 (전체 수면의 50퍼센트)	진짜 잠이라고 할 수 있는 단계. 하지만 깊은 잠은 아니라 쉽게 깨울 수 있다
논렘수면 3단계 (전체 수면의 10~20퍼센트)	깊은 잠의 단계. 깨우기 힘들 뿐 아니라, 억지로 깨우면 잠시 정신을 제대로 차리지 못한다
렘수면단계 (전체 수면의 20~25퍼센트)	뇌파는 깨어 있을 때와 비슷하며 근육의 긴장도가 떨어지는 단계. 대부분 이 단계에서 꿈을 꾼다

[수면의 단계와 각 단계의 특징]

보통 꿈의 80퍼센트는 렘수면상태에서 꾼다. 수면은 '논렘수면 1단계→논렘수면 2단계→논렘수면 3단계→렘수면단계'의 사이클을 가지는데, 주로 렘수면단계에서 꿈을 꾸는 것이다. 이 수면 사이클은 보통 90분 단위로 한 바퀴 돌며 반복된다. 90분을 한 세트로 생각했을 때 6시간을 자면 총 4세트, 8시간을 자면 5세트 정도를 반복하는 것이다. 만약 이 수면 세트를 다 끝낸 순간에 잠에서 깨면 꿈을 기억할 확률이 높아진다. 렘수면상태에 있을 때 잠에서 깼기 때문이다. 방금 잠에서 빠져나올 때 꿈을 꾸었으니 뇌는 그 꿈을 기억하기 쉽다. 하지만 렘수면상태가 아닌 다른 단계에 있을 때 깨면 뇌는 꿈을 기억하지 못할 가능성이 높다.

즉 꿈을 기억하느냐 기억하지 못하느냐는 푹 잤는지 못 잤는지가 아니라, 어떤 단계에서 깨어났는지에 따라 달라진다. 꿈도 꾸지 않을 만큼 푹 잔 것이 아니라, 깊은 잠에 빠져든 논렘수면단계에서 깨어났기 때문에 기억하지 못하는 것일 뿐이다.

신생아는 잠의 약 절반 정도를 꿈을 꾸는 렘수면단계에 쓴다고 한다. 신생아가 14~17시간 정도 잠을 자니 7, 8시간을 렘수면에 쓰는 것이다. 신생아는 이 렘수면단계에서 평생 살아갈 뇌의 신경세포 네트워크를 만든다. 이쯤 되면 뇌의 기초공사를 탄탄하게 끝내는 정도라고 생각해야 하지 않을까. 성인의 꿈도 마찬가지다. 충분한 시간 동안 좋은 꿈을 꾸고 잘 잤다면 그것이야말로 '쾌면'의 신호다.[18]

마지막으로 꿈에 관한 재미있는 사실 하나. 꿈속에서는 우리가 현실에서 단 한 번도 보지 못하고 경험하지 못한 것들을 구현할 수 있을까? 결론부터 말하면 '아니다'이다. 꿈 전문가들의 연구에 따르면 우리 뇌는 보지 못한 것을 상상하는 능력이 없다고 한다. '어, 아닌데. 지난밤 꿈에 나타난 괴물의 모습은 현실에서 본 적이 없는 건데'라고 생각한다면 그것 역시 당신이 인지하지 못했을 뿐, 언젠가 입력된 시각정보가 나타난 것이거나 그것들이 조합되어 새로운 형태를 만들어낸 것일 뿐이다. 저승사자를 떠올리라고 하면 서양은 프랑켄슈타인 같은 괴물의 모습을, 동양은 갓을 쓰고 있는 검은 소복의 남자를 떠올리는 것처럼 우리는 학습한 것, 보고 들은 것, 경험한 것에 기반해 꿈을 꾼다. 그러니 꿈에서 완전한 새로운 것을 만나기란 불가능하다.

'어떻게 하면 잘 잘까'가 아니라
'어떻게 하면 못 잘까'를 물어라

한 노인에게 많은 돈을 빌려준 사채업자가 노인의 아름다운 딸에게 눈독을 들였다. 노인이 빚을 갚지 못하자, 사채업자는 주머니 하나를 내밀며 빚을 갚지 않아도 될 방법을 제안했다.

"여기에 흰 돌과 검은 돌을 넣어두었소. 이중에 흰 돌을 골라내면 빚을 없애줄 것이지만, 검은 돌을 고르면 딸을 내게 줘야 하오."

야비한 사채업자는 주머니에 검은 돌만 넣어둔 것이 분명했지만, 노인은 그 제안을 거부할 수 없었다. 그때 노인의 딸이 앞으로 나서며 말했다.

"아버지 제가 돌을 고르겠어요."

딸은 사채업자 앞으로 서슴없이 다가가 주머니에 손을 넣고 돌 하나를 골랐다. 그러고는 곧장 뒤로 돌아서 연못으로 가더니 그 돌을 던져버렸다.

"이런, 어쩌죠. 제가 돌을 확인도 못했는데 연못에 빠져버렸군요. 아까 흰 돌과 검은 돌을 넣어두었다고 하셨으니 남아 있는 돌을 보면 되겠네요."

창의력의 대가 에드워드 드 보노 박사가 펴낸 『여섯 색깔 모자』에 등장하는 에피소드다. 노인은 돌을 꺼내야 한다는 사고에 지배받았지만 현명한 딸은 달랐다. 딸은 '자신이 가지게 될 돌'이 아니라 '사채업자가 가지게 될 돌'을 생각한 것이다. 심리학적으로 이야기하자면 노인은 수직적 사고를 했고, 딸은 수평적 사고를 했다.

수평적 사고법은 에드워드 박사가 창안한 것으로, 옥스퍼드 사전에 등록될 만큼 혁신적인 개념이다. 해결책을 찾기 위한 질문 대신 엉뚱하고 자유로운 질문을 던져보며 답을 찾는 것이 수평적 사고법의 핵심이다. 세일즈 트레이너인 마르틴 림베크는 이 방법을 적용해 수많은 세일즈맨이 새로운 해결책을 찾도록 도왔다. 예를 들어 세일즈맨이라면 누구나 물어보는 획일적인 질문, '어떻게 하면 나는 이 상품을 팔 것인가?'가 아니라 '어떻게 하면 고객에게 이 상품을 못 팔게 될 것인가?'라고 질문하라고 했다. 또 '어떻게 이 고객을 통해 수익을 올릴 것인가?'가 아니라 '고객이 어떻게 하면 나를 이용해 이익을 얻을 것인가?'라는 질문을 하면 의외로 쉽게 답을 찾을 수 있다고 했다.

레드텔레폰컴퍼니라는 공중전화회사가 이 수평적 사고를 통해 문제를 해결한 이야기도 재미있다. 공중전화를 이용하는 고객들이 너무 오랜 시간 동안 통화하는 바람에 담당자가 골머리를 앓자, '어떻게 하면 고객이 전화를 끊게 할까'가 아니라 '어떻게 하면 고객이 전화를 빨리 끊고 싶을까'로 질문을 바꿔 방법을 찾은 것이다. 관찰을 해보니 고객들이 전화를 하다가 팔이 아파 자주 수화기를 바꿔드는 모습이 보였다. 이거다 싶었던 담당자는 수화기에 납을 넣어 아주 무겁게 만들어버렸다. 그러자 고객들은 간단히 통화만 하고는 재빨리 전화를 끊었다.[19]

수면문제에도 수평적 사고로 질문을 던져보면 어떨까? '어떻게 하면 잠을 잘 잘까'가 아니라 '어떻게 하면 잠을 못 잘까'라고 말이다. 그러면 숙면을 취할 수 있는 방법을 의외로 쉽게 찾을지도 모른다. 다음의 잠을 못 자게 하는 방법을 읽어보며 잠을 잘 자는 방법을 모색해보자.

1. 햇빛을 피한다.

햇빛을 피하면 수면호르몬인 멜라토닌의 분비를 막을 수 있다. 저녁이 되어도 잠이 잘 오지 않게 만들고, 호르몬체계를 뒤흔들어 잠의 질도 떨어뜨릴 수 있다. 또한 햇빛을 피하면 기분을 계속 우울하게 유지하는 부수효과도 노릴 수 있다.

2. 최대한 부정적인 생각을 한다.

긍정적인 생각을 하면 머리가 가벼워지기 때문에 잠을 잘 자게 된

다. 반면 걱정거리나 잘 풀리지 않는 일을 머릿속에 담아두고 최
대한 안되는 쪽으로 생각하면 머리가 무거워져 잠을 못 자게 된
다. 가급적 부정적인 생각을 하는 것은 수면을 방해하는 가장 좋
은 방법 중 하나다.

3. 자기 전에 술을 마신다.

자기 전에 술을 마시는 것은 잠을 못 자는 최고의 방법 중 하나
다. 알코올은 뇌를 계속 자극하여 수면을 방해할 수 있으며, 소변
등을 마렵게 해서 물리적으로 수면의 흐름을 끊어버릴 수 있다.
또한 알코올이 근육을 이완시켜 코를 골게 함으로써 뇌와 신체를
이중으로 괴롭힐 수 있다.

4. 낮 동안에 가급적 몸을 움직이지 않는다.

몸을 움직이면 피로가 쌓여 밤에 잠이 잘 오기 마련이다. 가급적
몸을 움직여야 하는 일은 다른 사람에게 시키고, 걷는 대신 자동
차나 엘리베이터를 이용하면 몸에 에너지가 계속 남아 있어 잠을
설치기 쉽다. 또한 신체활력이 떨어지므로 잠을 오래 자도 계속
피곤하다.

5. 밤늦게까지 형광등을 켜놓거나 스마트폰을 본다.

잠을 자지 못하는 가장 좋은 방법은 아니지만 꽤 쓸 만한 방법이
다. 자기 전까지 블루라이트가 들어간 형광등이나 스마트폰을 켜

두면 깊은 수면을 상당 시간 방해할 수 있다. 뇌가 흥분하여 깊은 잠에 빠지지 못하기 때문이다. 특히 직장인이나 학생 등 일찍 일어나야 하는 사람은 수면박탈의 효과를 볼 수 있다. 회의나 학습같이 이른 시간부터 뇌를 쓰는 활동을 해야 하는 경우라면 그 효과는 단연 빛을 발한다.

위의 내용을 점검하다보면 자신도 모르는 사이 너무도 많은 불면 요소들을 스스로 만들고 있었다는 사실을 깨달을 수 있다. '그러한 행동만 그만두면 잠을 제대로 잘 수 있다'는 것은 너무나 당연한 일처럼 보인다. 수면에 도움을 주는 것을 찾아보는 대신 수면에 장애를 주는 것을 없애보자. 그것만 사라져도 당신의 수면은 그 질이 달라질 것이다. 푹 자고 일어난 아침, 새벽이슬을 머금은 나무처럼 생생하게 숨쉬는 당신이 그려지지 않는가?

우울증과 불면증은 따로 오지 않는다

파블로프의 조건반사 실험에 대해 들어보았을 것이다. 배고픈 개에게 음식을 주면 침을 분비한다. 이후 음식을 줄 때마다 종소리를 반복해서 들려주면, 어느 순간 개는 종소리만 듣고도 침을 분비한다. 이것을 '파블로프의 개' '파블로프의 조건반사'라고 말한다.

수면도 이와 같은 맥락으로 볼 수 있다. 침대에 누워 조명을 끄면

이내 스르르 눈이 감기면서 잠에 빠져든다. 불과 5분 전에 가족과 이야기를 하고 샤워를 하고 TV를 보며 웃었음에도 '침대에 눕는 동작'을 통해 '잠이 드는 상태'로 전환되는 것이다. 그런데 이런 자연스러운 행위가 절대 자연스럽지 않은 사람들이 있다. 바로 불면증 환자들이다. 불면증을 연구하는 전문의들은 20~30분 동안 잠들 수 없을 때에는 밤새 뒤척이지 말고 과감히 잠자리에서 일어나는 방법을 추천한다. 잠들지 못하는 상태에서는 여러 가지 생각에 빠져 각성상태가 높아질 수 있고, 잠자리와 잠의 연관에도 부정적인 영향을 미칠 수 있기 때문이다. 졸릴 때에만 잠자리에 들어서, 종소리에 침이 반응하듯 침대를 보면 잠이 떠오르도록 해야 한다.

우리나라 인구 중 약 17퍼센트가 주 3회 이상 불면증을 경험한다. 문제는 나이가 많을수록 그 수가 늘어난다는 것이다. 우리나라가 세계에서도 손꼽히는 초고령화 국가임을 감안한다면, 불면증은 앞으로 수많은 사람들이 고통받는 국민병 0순위가 될 확률이 높다. 특히 불면증을 앓는 사람의 절반 이상이 5년 이상 지속적으로 증상을 경험한다. 한번 빠지면 헤어나오기 힘든 늪 같은 질환이 바로 불면증인 것이다.

더 큰 문제는 불면증이 지속되면 우울증에 걸릴 확률이 2배로 높아진다는 것이다. 밤에 잠을 제대로 자지 못하면 하루종일 피곤하고 아침에 일어나기 힘들다. 눈을 뜨자마자 피로가 몰려오는데 하루가 건강하게 전개될 리 없다.

미국에서 불면증 환자 8000명을 대상으로 우울증 발생빈도를 조사한 적이 있다. 지속적인 불면증이 있는 경우, 우울증 발생확률이 40배나 높게 나왔다. 흥미로운 것은 그 반대의 경우도 마찬가지라는 사실이다. 우울증 환자의 80~90퍼센트가 불면증을 경험했다. 조울증 환자의 경우는 또다른 양상으로 나타나기도 했다. 조증 시기에는 하루 2, 3시간을 자도 활기찬 하루를 보내다가, 우울증 시기가 오면 평소보다 잠을 많이 자면서도 기운을 차리지 못했다. 조울증 환자가 치료를 받고 개선되었다가 재발할 때는 가장 먼저 수면장애가 나타난다.

만성적인 불면증은 고혈압, 심장병, 당뇨 등의 원인이 되고 여러 가지 정신의학적 합병증의 원인이 된다. 불면증은 보통 여러 가지 스트레스, 화병 등으로 인해 시작된다. 하지만 주목해야 할 점은, 문제가 해결되어 스트레스가 없어져도 불면증은 계속된다는 사실이다. 왜냐하면 사람들은 잠이 안 올수록 잠에 더 집착하고 모든 문제를 잠 탓으로 돌리려는 경향이 있기 때문이다. 잠은 여러 가지 요인들이 복합적으로 작용하여 적합한 상황이 조성되는 경우에 이루어지는 현상이다. 잠에 대한 집착과 노력은 각성상태를 높이기 때문에 오히려 잠들기 어렵게 만든다.

한 달 내내 잠을 제대로 자지 못해 고생했다면 전문의와 상담하여 수면다원검사 등을 통해 자신의 상태를 정확히 알아내고 치료를 받아야 한다. 모든 병이 그렇듯이 불면증 역시 조기치료가 중요하다. 시기를 놓쳐 불면증이 우울증을 동반하거나 정신장애로까지 발전하면 치료는 더욱 힘들어진다. 그리고 또하나, 노인들은 잠이 잘 오지 않아도 나이 탓을 하면서 그냥 지나치기 쉬운데 반드시 전문의를 찾는 게 좋다. 노인의 경우 호르몬, 전립선, 코골이, 수면무호흡증 등 다양한 원인이 있을 수 있기 때문이다. 나이가 들수록 잠의 질이 떨어졌을 때 삶의 질이 무너지기 쉽기에 더욱 주의가 필요하다.

잠들기 위해 마신 술이 바로 불면증의 주범

1970년대 영국 설포드대의 로버트 존 영 교수는 돼지를 대상으로 술을 마시면 어떻게 되는지에 관한 실험을 진행했다. 돼지들에게 하루 세 번 술을 먹이고 그들이 어떻게 되는지 알아본 것이다. 술을 세 번 먹이자 대부분의 돼지가 취했다. 원래 집단생활을 하는 돼지는 서열이 엄격한 동물에 속하는데, 돼지들이 술에 취하자 문제가 발생했다. 만취한 서열 3위 돼지가 서열 1위 돼지에게 겁도 없이 다가가 여물통의 밥을 빼앗아 먹었던 것이다. 상황이 이렇게 되자 돼지들도 심각성을 깨달았던 모양이다. 서열 1위인 리더 돼지부터 모범을 보이면서 술을 거부하기 시작했고, 이를 본 나머지 돼지들도 따라서 술을 먹지 않게 되었다.

술에 대해서만큼은 동물도 절제 본능을 갖추고 있다. 술에 취하면 이성을 잃고 규칙이 무너져버린다는 사실을 돼지들도 알고 있었다. 하물며 사람은 어떻겠는가. 기호식품인 만큼 적절히 즐기는 것은 괜찮지만 과한 음주는 그 누구에게도 도움이 되지 않는다.

술은 잠에도 부정적인 영향을 끼친다. '자기 전에 마시는 술'이 잠을 방해하는 최고의 방법이라고 이야기했지만, 잠이 안 올 때마다 술을 마시는 사람을 종종 볼 수 있으며, 대부분의 사람들이 술한 잔 정도는 잠자는 데 도움을 준다고 생각한다. 알코올이 수면에 어떤 영향을 미치는지에 대한 정확한 정보 없이, 그저 알코올을 섭취했을 때 몽롱해지는 기분과 잠이 쏟아진다는 착각 때문에 그렇게 여기는 것이다. 결론부터 말하자면 어느 정도의 술은 잠드는 데 도움을 주는 측면이 있기는 하다. 하지만 술에 의지하는 의존성을 키울 수 있고 일단 한잔하면 자제가 쉽지 않다는 점에서 그 폐해가 훨씬 더 크다.

술은 양면성을 가지고 있다. 먼저 술을 마신 초기에는 각성작용을 일으킨다. 처음 한 모금을 마셨을 때 느껴지는 시원함과 청량함은 그 때문이다. 하지만 한잔 두잔 섭취량이 증가하여 일정 수준 이상 마시면 정신이 몽롱해지고 졸음이 밀려온다. 물론 이때 자면 빨리 잠들 수 있다. 하지만 알코올이 분해되면서 잠을 자는 중간중간 각성효과를 가져와 잠에서 깰 확률이 높아진다. 또한 과음을 하면 알코올의 이뇨작용 때문에 자다가 일어나 화장실에 가야 하니 잠이 끊긴다. 잠을 잘 자기 위해 마신 술이 오히려 수면의 질을 떨어뜨려 다음날 컨디션이 더 안 좋아지는 것이다. 실제로 술을 마신 뒤 수면을 취한 사람들을 인터뷰해보면 조금밖에 못 잔 것 같다는 말을 많이 한다.

사실 우리나라 사람만큼 술을 좋아하는 민족도 없다. 세계보건기구 자료에 따르면 대한민국 15세 이상 1인이 1년 동안 마시는 술은 12.3리터다(세계 평균은 6.2리터). 우리나라 사람이 전 세계 사람에 비해 대략 2배 정도 술을 더 많이 마시는 셈이다. 음주로 인한 수명감소가 가장 큰 나라 중 하나도 우리나라다. 「2014년 알코올 및 건강 세계현황보고서」에는 194개 나라를 대상으로 알코올로 인해 수명이 단축된 정도를 평가한 내용이 나오는데, 우리나라는 수명단축이 가장 큰 32개 나라에 속한다. 알코올은 직접적으로 몸에 해를 끼치고, 2차로 수면장애 등을 유발하여 장기적으로 몸에 이상을 가져와 결국 수명단축으로 이어지는 것이다.[20]

알코올은 수면을 취할 때 절대적으로 피해야 할 금기라고 할 수 있다. 우리 뇌에는 수면을 조절하는 '아데노신'이라는 신경전달물질이 있는데, 이 아데노신의 증감에 따라 수면시간이 달라진다. 깨어 있는 시간이 길어지면 아데노신의 농도가 증가하며, 각성촉진세포의 활동을 억제해 잠이 오도록 자극한다. 이후 수면을 충분히 취한 것으로 여겨지면 아데노신 농도는 감소하고, 각성촉진세포가 다시 활성화하여 잠에서 깨어나는 것이다. 그런데 잠이 오지 않는다고 술을 마시면, 이 아데노신이 비정상적으로 작동한다.

최근 미국 미주리 대학 연구팀은 쥐를 이용한 각종 실험으로 이같은 결과를 발표했다. 알코올을 섭취하면 일단은 졸려서 잠들지만, 아데노신이 감소하고 각성촉진세포가 활성화하여 한밤중에 깨어나

게 되고, 다시 잠들기 어려운 상황에 처하게 된다는 것이다.[21]

물론 적당히 마신 술은 스트레스를 감소시키며 긴장을 완화하여 기분을 좋게 만들어준다. 어떤 사람은 술을 통해 각박한 사회생활에 대한 위로를 받기도 하고, 인간관계를 형성하거나 유지하는 데 술자리를 이용하기도 한다. 하지만 어느 수준 이상 마셨을 경우 술은 몸과 마음에 치명적인 독으로 작용한다. 간암, 위암, 구강암 등 각종 암, 위장질환 등 굳이 일일이 언급하지 않아도 술이 우리 몸에 끼치는 해로움은 너무나 잘 알려져 있다.

정말 잠들기 어려울 때는 술보다 차라리 수면제를 먹는 편이 더 좋은 선택이 될 수 있다. 수면제도 부작용이 없는 것은 아니지만 꼭 필요한 상황에서 의사의 처방 및 가이드에 따라 복용한다면, 수면장애라는 장애물을 힘들이지 않고 뛰어넘을 수 있다. 어쩔 수 없이 술을 마셨다면 수면을 위해 다음의 세 가지는 꼭 기억해야 한다.

1. 술을 꼭 마셔야 하는 경우라면 일찍 시작하여 일찍 끝낸다.
2. 알코올을 희석하기 위해 물을 충분히 마신다.
3. 기도 주변 근육이 느슨해져 발생할 수 있는 코골이, 수면무호흡증을 완화하기 위해 옆으로 누워서 잔다.

잠에 관한 진실 혹은 거짓

불면증으로 고생하는 당신을 위한
잠을 부르는 수면음악

1. 브람스, 〈자장가 4번 다장조 작품번호 49〉

2. 영화 〈티파니에서 아침을〉 OST 〈moon river〉

3. 바흐, 〈무반주 첼로곡〉 전곡

4. 바흐, 〈G선상의 아리아〉

5. 알비노니, 〈현과 오르간을 위한 아다지오 사단조〉

6. 바흐, 〈칸타타 147번〉

7. 베토벤, 〈월광 소나타〉

8. 쇼팽, 〈자장가 내림 라장조 작품번호 57〉

9. 드뷔시, 〈꿈〉

10. 드보르자크, 〈슬라브 무용곡 2번〉

11. 드보르자크, 〈신세계로부터〉

12. 바흐·구노, 〈아베마리아〉

13. 헨델, 〈울게 하소서〉

14. 리스트, 〈사랑의 꿈 3번〉

15. 마스네, 〈타이스 명상곡〉

16. 모차르트, 〈클라리넷 협주곡 가장조 2악장〉

17. 파헬벨, 〈캐논 변주곡 라장조〉

18. 라흐마니노프, 〈교향곡 2번 마단조 작품번호 27〉

19. 라벨, 〈피아노 협주곡 사장조 2악장〉

20. 사티, 〈짐노페디 1번〉

21. 차이콥스키, 〈사계 6월〉

22. 케니 지, 〈loving you〉 〈the moment〉 〈going home〉

23. 양방언, 〈flower of K〉

24. 이루마, 〈may be〉

25. 케빈 컨, 〈imagination's key〉

26. 쇼팽, 〈녹턴 작품번호 9 2번〉

27. 리샤르 클레이더망 연주, 〈아델린을 위한 발라드〉

28. 유키 구라모토 연주, 〈somewhere over the rainbow〉

29. 노라 존스 노래, 〈love me tender〉

30. 존 레논, 〈imagine〉

Chapter 3

×

당신이 잠든 사이에……
무슨 일이 벌어질까

"잠은 피로한 마음의 가장 좋은 약이다."

—미겔 데 세르반데스

우리는 왜
잠을 자는 것일까

자, 다음 중 어떤 것이 진실일까? 한번 생각해보자.

- 원시시대에는 잠을 두 번씩 나누어 잤다.
- 참치의 수면시간은 4초다.
- 돌고래는 잠을 자지 않는다.

결론부터 말하자면 모두 진실이다. 믿기지 않겠지만 원시시대 사람들은 잠을 두 번에 나누어서 잤다. 조명이 없었던 원시시대에는 기본적인 생체리듬에 따라 잠을 잤는데 우리 생체리듬은 중간에 한 번 깼다가 다시 잠들도록 세팅되어 있다. 미 해군이 실시한 실험 결과로도 증명할 수 있다. 해군들에게 아무런 조명 없이 해가 지면 자

당신이 잠든 사이에…… 무슨 일이 벌어질까

게 했더니, 며칠이 지나자 잠을 두 번 자는 현상, 즉 한 번 깨어났다가 다시 자는 패턴이 나타났다.

현대의 인간은 사회생활을 하면서 겪는 스트레스와 어둠을 밝히는 갖가지 인위적인 환경으로 인해 타고난 수면패턴이 변형되었다. 물론 그렇다고 해서 전등 하나 없던 원시시대로 돌아가야 한다고 주장하는 것은 아니다. 그저 원래의 수면리듬을 파악하고, 이를 현재에 가장 적합한 형태로 바꿀 필요가 있다는 이야기다.

자, 그러면 아주 근본적인 질문부터 던져보자. 인간은 왜 '잠'을 자는 걸까? 잠을 자지 않고 살아가는 동물은 없을까? 인간과 동물의 잠은 어떻게 다를까? 처음 던졌던 명제 중 참치와 돌고래의 수면을 분석하면서 하나씩 답을 찾아가보자.

참치의 수면시간은 4초, 돌고래는 0초?

대양의 먹이사슬에서 가장 상위에 있는 참치. 하지만 먹이사슬에서의 위치와 어울리지 않게 참치의 수면시간은 4초에 불과하다. 4초 동안의 잠이라! 4초면 눈을 천천히 감았다 뜨는 데 걸리는 시간인데, 과연 그 짧은 시간에 수면을 취하는 것이 가능할까?

참치를 관찰한 과학자들은 헤엄을 치던 참치가 아무런 움직임 없이 4초가량 멈춰 있는 것을 발견했다. 처음에는 그저 재미있는 현상이라고만 여겼는데, 모든 참치에게서 동일한 현상이 나타나자 이에 대한 연구를 진행했다. 그 결과, 4초 동안 참치가 잠을 잔다는 사실을 밝혀냈다. 어떻게 이토록 짧은 시간만 잘 수 있을까? 포식자에게 잡아먹히지 않기 위해서? 하지만 참치는 먹이사슬 꼭대기에 위치해 두려운 상대가 없는 존재다. 그렇다면 짧은 수면체질이라서? 이 역시 아니다. 정답은 '뇌'에 있다.

참치는 몸무게가 최대 500킬로그램이 넘지만, 뇌의 중량은 고작 15그램 정도다. 그중 대뇌는 겨우 1그램에 불과하다. 사람의 뇌 무게가 평균 1.4킬로그램인 것을 생각하면, 지극히 적은 무게라고 할 수 있다. 컴퓨터로 비유하자면, 참치는 덩치에 비해 지나치게 작은 마이크로칩을 가진 경우이고 사람은 몸에 비해 지나치게 큰 마이크로칩을 가진 경우이다.

그런데 뇌는 몸의 어떤 기관보다 에너지를 많이 쓴다. 보통 뇌는 같은 무게의 근육에 비해 30배가량 더 많은 에너지를 소비한다고 알려져 있다. 그러니 뇌가 클수록 당연히 더 많은 휴식이 필요할 수밖에. 즉 뇌의 크기와 소비하는 에너지량, 필요한 휴식시간은 비례한다고 할 수 있다. 참치와 사람의 극단적인 수면시간 차이는 바로 이 뇌의 크기에서 비롯된 것이다.

그렇다면 한숨도 자지 않는다는 돌고래는 어떨까? 끔찍한 가정이지만 뇌가 아예 없는 걸까? 사실 자지 않는 것처럼 보일 뿐, 돌고래도 잠을 잔다. 다만 좌뇌와 우뇌가 번갈아가면서 수면을 취하기 때문에 늘 깨어 있는 듯 보이는 것이다. 이를 의학용어로 '단일반구수면unihemispheric sleep'이라고 하는데, 한쪽 뇌가 잠들어도 다른 쪽 뇌가 깨어 있기 때문에 하던 일을 계속할 수 있다. 매너티, 물범 같은 바다포유류와 조류의 대부분이 이런 수면법을 취한다. 철새가 잠을 자면서 날아다닐 수 있는 이유도 단일반구수면 덕분이다.

돌고래의 수면에 대해 이야기하면 감탄사를 뱉으며 "나도 돌고래처럼 잘 수만 있다면 참 좋을 텐데"라고 말하는 사람이 있다. 해야 할 일은 쌓여 있는데 몸은 피곤하니 잠은 자야 할 것 같고, 막상 자자니 시간이 아깝고, 안 자자니 쓰러질 지경이라 이러지도 저러지도 못하며 돌고래를 부러워하는 것이다. 하지만 앞서도 언급했듯 우리가 자는 이유는 뇌활동 때문이다. 뇌를 더 효율적으로 사용하려면 반드시 잠을 자야만 한다.

지금 우리 뇌는 '파김치' 상태다

우리는 하루 동안 참 많은 것을 보고 듣는다. 쉴새없이 쏟아져 들어오는 시각정보, 청각정보 등 그야말로 정보 과잉이다. 잠들 때까지 너무 많은 정보가 밀려들어 몸뿐 아니라 뇌도 파김치가 된다. 하지만 잠을 자는 동안 우리는 보지도 듣지도 못한다. 잠을 '완전한 휴식'이라고 하는 이유다. 이렇게 오감을 차단하는 시간이 없다면 감각기관들은 금세 파김치가 되어버릴 것이다. ND케어의 박민수 원장은 현대인이 정보가 너무 넘쳐서 겪는 뇌의 과로현상에 빠져 있다고 이야기한다.

최근 화제가 되었던 '멍 때리기 대회'도 이처럼 쏟아지는 정보와 관련 있다. 정보의 홍수 속에서 생각을 멈출 여유마저 잃어버린 현대인들을 위해 잠시라도 머리를 쉬게 하자는 취지에서 만들어진 대회였다. 가장 오랫동안 멍 때릴 수 있는 사람이 우승자가 되는 것이었는데, 도전은 생각만큼 쉽지 않았다. 이 대회의 우승자는 최연소 참가자였던 초등학교 2학년 어린이였다. 더 놀라운 사실은 우승자 어린이는 방과 후 무려 여섯 개의 학원을 다니면서 학업에 열중하는 학생이었다. 여섯 개의 학원을 다니고 있으니 몸은 물론 머리도 혹사당하고 있었던 상황. 아이는 그 상황을 견디려고 하다보니 멍 때리는 시간이 늘어났다고 우승 소감을 밝혔다.

이런 대회가 열려야 비로소 생각을 멈출 수 있는 것처럼 초등학생부터 성인에 이르기까지 우리는 도처에 신경을 곤두세우고 살아간다. 그러다보니 우리는 특별한 일이 없어도 항상 무언가를 관찰한다. 심지어는 화장실에도 스마트폰을 가지고 들어가 볼일을 보면서까지 끊임없이 정보를 습득한다. 이런 환경은 뇌에 대한 부하를 가중시킬 수밖에 없다.

그렇기 때문에 현대를 살아가는 우리에게 수면은 더욱더 절대적으로 필요하다. 넘치는 정보로 뇌에 과부하가 발생하면 건망증이 생기고, 이것이 반복되면 궁극적으로 삶의 만족도까지 떨어진다. 받아들인 정보를 재정리하고 단기기억을 장기기억으로 옮기는 시간이 필요하며, 이 모든 작업은 자는 동안 일어난다. 우리에게

수면이 필요한 이유를 보다 구체적으로 정리해보면 크게 세 가지
로 나눌 수 있다.

첫째, 수면은 결정중추인 뇌를 회복시킨다.

뇌는 수면중 다양한 역할을 수행한다. 낮 동안 받아들인 정보를
정리하고 이를 재배치한다. 그러다 깊은 잠에 빠지면 잠시 쉬었다
가, 얕은 잠에 들어가면 또다시 기억을 정리한다.

둘째, 면역력을 증강시킨다.

감기나 몸살에 걸렸을 때 '푹 자는 것'이 가장 좋은 약이 될 수
있다. 의학적으로 풀어 말하자면 잠은 면역력을 증강시켜준다는
뜻이다. 면역력이 높아지면 질병을 고치는 자연치유능력이 강해
짐은 물론이다. 그래서 감기나 몸살 기운이 느껴질 때 충분히 수
면을 취하면 몸이 개운해지는 것이다. 반면 수면이 부족하면 면
역력이 떨어지면서 바이러스에 감염되어 질병이 발생하기 쉽다.

셋째, 스트레스 물질을 제거하여 깨끗한 몸상태를 유지시킨다.

잠을 자는 동안 신경세포에서 발생하는 활성산소가 분해되는 것
으로 알려져 있다. 수면은 신경세포의 기능을 회복하는 것과 동
시에 스트레스의 원인이 되는 유해물질을 제거함으로써 정신의
건강은 물론 신체의 건강도 지켜준다.

서울대 인지과학연구소 서유헌 교수에 따르면 65세 이상의 경우

10퍼센트가 치매에 걸리며, 75세가 되면 20퍼센트, 85세가 되면 절반에 해당하는 50퍼센트의 노인에게 치매증세가 나타난다. 치매는 뇌와 관련된 대표적인 질환으로, 잠을 제대로 자지 못하면 치매에 걸릴 확률도 자연스럽게 높아진다. 그러니 치매를 예방한다며 고스톱을 치거나 숫자를 세어보는 대신, 뇌를 잘 쉬게 하는 것이 더 확실한 예방법일 수 있다.

자, 이제 뇌와 잠의 관계를 다시 한번 생각하면서 밤을 다스려보자. 내 몸을 마사지하고 쉬게 해주는 것처럼, 몸에서 가장 활발하게 움직이는 뇌에도 잠이라는 고단백 영양식과 편안한 휴식을 기꺼이 제공해주자. 그러면 생기 넘치고 건강해진 뇌는 더 큰 성취를 가져다줄 것이다. '숙면'을 '숙명'으로 받아들이자. 인간의 수면시간은 일생의 30퍼센트에 달하지만, 그 30퍼센트에 대한 개선이 인생의 3분의 1을 개선한다고 봐도 무방하다.

우리 몸은 자면서 쾌락을 경험한다

인간은 정글의 세계에서 바라본다면 먹이사슬의 중간 정도에 위치한다. 만약 우리가 갑자기 정글에 던져졌다고 상상해보자. 아무런 도구 없이 맨몸으로 무슨 사냥을 할 수 있겠는가. 우리의 이는 생고기를 뜯어먹을 만큼 날카롭지 못하고, 몸은 맹수를 포획할 만큼 크지 않다. 생태계에서 인간은 미약한 존재이고, 맹수의 사냥감에 불과하다. 진화론적 관점으로 본다면 인간은 잠을 자면 안 된다. 자는 동안 맹수의 공격을 받을 수도 있고, 쥐도 새도 모르는 사이 먹잇감이 될 수도 있기 때문이다. 이렇게 보자면 잠을 자지 않는 인간형이 진화론적으로 승자가 되어야 한다.

하지만 인간은 그렇게 단순하지 않았다. 잠을 자지 않는 인간에겐 결국 판단 착오나 결정 부족 같은 문제가 생겼고, 생리적인 문제까지 발생했다. 신체적·정신적인 문제는 맹수의 위협보다 더 무시무시했고, 그 발생빈도도 훨씬 높았다. 그러자 인간은 자신들의 종에게 더 유리한 조건, 더 중요하게 생각되는 조건을 선택하기로 했다. 바로 잠을 자기로 한 것이다.

그런데 진화론적 선택과는 다르게, 여전히 인간에게는 가급적 잠을 자지 않은 상태로 안전하게 살고 싶은 욕구가 이어지고 있다. 권력욕에 불타거나 야망이 큰 사람들의 평균 수면시간이 짧은 것을 보면 알 수 있다. 그들은 가급적 오랫동안 깨어 있음으로써 주변에 적극적인 영향력을 행사하고자 하며, 자신이 잠든 사이에 벌어질 통제 불가능한 상황에 대해 불안해한다. 단순히 수면시간으로만 설명하는 건 위험하지만, 어쨌든 정치인과 CEO같이 권력욕을 가진 사람들 중에 '단시간 수면형'이 많다는 사실은 통계적으로도 밝혀졌다.

이렇게 잠을 자기 싫어하는 인간을 위해 우리 몸은 어떤 장치를 해뒀다. 바로 '쾌락 요소'를 배치해놓은 것이다. 밥을 먹으면 느끼는 포만감, 사랑을 나누면 느끼는 성적 쾌락은 생존과 번식을 위해 꼭 필요한 행동을 하도록 유도하는 장치다. 마찬가지로 잠에도 강한 쾌락 요소가 배치돼 있다. 피곤한 몸을 뉘여 잠을 청할 때의 나른함, 푹 자고 일어났을 때의 상쾌함 등이 바로 그것이다. 수면과 관련한 이런 쾌감은 식후 쾌감, 성적 쾌락 못지않게 인간이 느낄 수 있는 쾌감 중 꽤 강력한 강도다.

뇌과학에서는 이를 보수報酬행동이라고 한다. 뇌가 대량의 도파민을 분비해 쾌락을 갈망하게 하고, 결국 이루게 한다는 것이다.[1] 쾌락호르몬이라고도 하는 도파민은 사랑을 할 때도 나오는데, 사랑에 빠진 사람들의 모습을 생각하면 도파민의 위력을 쉽게 이해할 수 있다. 사랑에 빠지면 도파민이 왕성하게 분비되고, 이별하면 도파민 분비가 줄어든다. 그런데 도파민은 기분을 좋게 하는 작용을 해 그것이 줄어들면 일종의 금단현상에 빠진다. 사랑은 마약과 같다는 말도 이런 연유로 나온 것이다. 이별의 아픔을 겪고도 또다시 사랑을 하게 되는 이유도, 도파민이 준 짜릿함을 기억하기 때문이라는 것이다.[2] 그래서 잠도 계속 자고 싶은 것이다. 한번 경험한 상쾌함, 개운함 등이 아무리 잠을 줄이려 해도 쉽게 줄일 수 없게 하고 계속 자고 싶게 만든다.

사람들은 보통 욕구를 다스리지 못하는 것을 바람직하지 못한 일로 여기지만, 사실 인간의 다른 욕구에 비하면 수면욕은 상대적으로 건강한 욕구다. 식욕과 성욕 같은 것은 잘못 해소할 경우 몸을 망치거나 사회적으로 지탄받을 수 있다. 하지만 수면욕은 혼자 해결할 수 있는 개인적인 것이되, 이 욕구를 따르면 몸이 건강해질 수 있으니 매우 긍정적이고 생산적인 욕구라 할 수 있겠다. 그러니 오늘밤 잠의 뮤즈가 감미롭게 부른다면 그 유혹에 기꺼이 따르라. 궁극의 행복이 아마 거기에 있을 테니 말이다.

밤을 경영하라

당신이 잠든 사이에
일어나는 일들

1950년, 미국암협회에서는 흥미로운 조사를 실시했다. 100만 명 이상의 사람들을 대상으로 영양, 운동, 수면 등에 대해 기초 설문조사를 실시하고, 6년 뒤 이들의 건강상태를 다시 추적조사한 것이다. 생활습관과 사망률이 어떤 인과관계를 가지고 있는지에 대한 조사였다. 결과는 놀라웠다. 일반적으로 우리가 생각하는 우선순위와는 전혀 다른 결과였다. 사망률과 가장 밀접한 관계라고 나타난 것은 다름 아닌 '수면'이었다.[3] 적정 수면시간이라고 알려진 평균 8시간을 숙면하는 사람이 건강하게 장수하고 있었다.

수면시간은 아주 개인적인 것이다. 누구도 내가 어제 몇 시간 잤는지 알지 못하며, 이 시간을 어떻게 운영할지는 전적으로 내 마음에 달렸다. 게다가 잠은 그저 쉬는 시간, 버려지는 시간이라는 인식이 강해서 우리는 잠이 하는 엄청난 일에 대해서는 소홀히 여기며, 어떤 일을 해야 할 때 잠에서 그 시간을 빼앗아오기 일쑤다. 나만 양해하면 되기 때문에 그 시간을 일로, 학업으로 사용하곤 한다. 하지만 앞의 조사 결과에서도 알 수 있듯이 자는 동안 우리 몸에는 엄청난 일이 벌어진다. 그 시간을 빼앗았다가는 자칫 수명이 줄어들 수도 있다. '가장 개인적인 결정'인 수면시간이 사실 '가장 중요한 결정'인 셈이다.

그렇다면 우리가 잠든 동안 도대체 어떤 일이 벌어지기에, 수면과 사망률이 밀접한 관계를 맺는 걸까? 샌드라 불럭이 주연을 맡은 영화 〈당신이 잠든 사이에〉의 여주인공 루시는 짝사랑하던 피터가 사고로 혼수상태에 빠지자 그의 약혼녀 행세를 하다가 피터의 동생을 만나 진정한 사랑을 깨닫는다. 이 영화에서 루시의 짝사랑 상대 피터는 내내 잠(혼수상태)에 빠져 있다. 그가 잠든 사이 온갖 사건이 벌어지고, 오랜 잠에서 깨어난 피터는 자신이 잠든 사이에 일어난 수많은 일에 대해 어리둥절해한다. 영화처럼 우리는 매일 밤 피터가 된다. 잠자는 사이 몸과 뇌에 수많은 일이 일어나지만 우리는 아무것도 기억하지 못한다. 잠을 잘 때 우리 몸에선 대체 어떤 일이 일어나고 있을까?

먼저 우리가 평상시 인식하지 못하지만 살아가는 데 가장 중요한 요소인 호흡이 달라진다. 잠을 잘 때는 전체적으로 호흡 횟수가 줄어든다. 물론 자는 동안에도 뇌와 신체기관은 끊임없이 움직이지만,

몸이 크게 움직이지 않기 때문에 적은 호흡으로도 충분히 필요한 산소량을 채울 수 있다. 특히 깊은 수면을 취하는 논렘수면단계에서는 신체의 움직임이 거의 없기 때문에 호흡 횟수가 현격하게 떨어진다. 반면 렘수면단계에서는 호흡이 빨라지며, 불규칙적인 호흡패턴을 보이기도 한다. 심박수도 호흡과 비슷하게 움직이는데 일반적으로 잠에 빠지면 심박수가 느려지고 렘수면단계에서는 불규칙한 양상을 보인다.

체온과 혈압은 비슷한 패턴을 보인다. 체온과 혈압 모두 수면중에는 낮아졌다가 새벽이 가까워질수록 높아진다. 피부의 온도는 이마가 낮고 손발이 높은 '두한족열'의 형태를 띠며, 혈압은 렘수면시 호흡과 함께 불규칙해진다.

우리는 자는 동안 20~30번 정도 뒤척이는데, 이는 가만히 누워 있느라 잘 돌지 않는 혈액의 순환을 위한 것이다. 어느 부위에 혈액이 몰리거나, 특정 부위에 열이 오르면 수면중이라도 몸이 자연스레 움직여 혈액순환을 돕는다. 기본적으로 근육은 수면중엔 이완되어 움직이지 않고, 렘수면 때는 완전하게 긴장이 풀려 근육의 피로가 훨씬 강하게 해소된다. 또 수면중에는 체온조절을 위해 종이컵 한 컵 분량의 땀을 쏟아낸다. 잠이 들 때부터 흉부 등에서 땀이 나기 시작해 렘수면시 특히 많은 땀을 흘리고, 체온이 가장 떨어지는 새벽에는 거의 땀이 나지 않는다.

그 외에 겉으로 드러나는 변화는 아니지만 자는 동안 소변량이 감소해 오랜 시간 화장실에 가지 않아도 된다. 또 수면이 일정한 깊이에 빠져들면 성장호르몬, 부신피질호르몬, 성선자극호르몬, 갑상선자극호르몬 등의 분비가 왕성해져 피로가 해소된다.

당신은 수면의 바다 위를 수영하는 서퍼

잠을 자는 동안 우리에게 일어나는 일을 보다 쉽게 이해하기 위해 비유를 들어보자. 당신이 수면의 바다로 떠나는 서퍼라고 가정해보는 것이다. 달빛이 은은하게 비치는 밤, 한 손에 서프보드를 들고 잠의 바다로 들어간다. 바닷물 속으로 들어가자 약한 파도가 찰랑찰랑 무릎까지 밀려들며 환영인사를 건넨다. 잠의 바다에서 처음 만나는 파도, 바로 알파파다. 이때 졸음이 쏟아지고 체온이 서서히 떨어진다. 알파파에 익숙해지면 보드 위에 몸을 얹고 나아가기 시작한다. 그제야 조금 더 강한 파도와 조우하게 된다. 두번째 파도인 세타파다.

세타파단계에서 들어서면 우리 몸은 쌔근쌔근 호흡을 하기 시작하면서 본격적인 수면상태로 빠진다. 우리가 흔히 생각하는 잠, 1단계 수면상태가 시작된 것이다. 지각기능은 마비되고 온몸이 축 늘어진다. 그렇게 5~10분 세타파에 익숙해지면 곧장 2단계 수면상태로 진입한다. 세타파는 파형은 작지만 파도의 크기가 불규칙해 몸을 좌우로 뒤흔들어놓는다. 그래서 몸의 뒤척임이 생기고, 순간순간 움찔하기도 한다. 하지만 아직까지 그리 큰 파도는 아니다. 당신은 세타파를 헤치면서 계속 나아간다.

점점 깊은 바다로 들어가다보면 또다른 파도가 당신을 맞이한다. 대양의 큰 파도, 델타파다. 비로소 3단계 수면상태에 진입한 것이다. 이제는 본격적인 서핑을 시작할 수 있다. 이 단계는 궁극의 수면상태로, 서파수면slow-wave sleep단계라고도 불린다. 당신은 아주 깊은 잠에 빠졌으며, 심박수와 호흡이 느려지면서 근육이 풀리고, 몸과 의식이 분리되어 몸이 생각대로 움직이지 않는다. 서파수면단계에서는 성장호르몬과 프로락틴이라는 호르몬이 분비된다. 이 3단계 수면에서 당신은 무아지경에 빠진 듯 수면의 서핑을 즐긴다. 그렇게 45분 정도 흐르면 당신의 서프보드는 다시 육지로 향한다.

바다 한가운데까지 갔다가 육지로 돌아오는 길, 당신은 처음 만났던 파도를 다시 만난다. 그런데 이때의 파도는 처음 만났던 것과 조금 다르다. 바로 렘수면이라는 파도다. 눈동자가 빨리 움직이는 단계라서 이름 붙여진 렘수면단계에서 당신의 뇌는 낮에 보고 들었던 정보를 정리하고, 단서와 사고를 재조합한다. 이 렘수면 파도는 서프보드 위에 있는 당신을 다시 깊은 바다로 밀어내 3단계로 가게 만들기도 하고 다시 렘수면단계로 오게 만들기도 한다. 몸은 의식과 무의식의 경계를 오가면서 수면 바다의 서핑을 즐긴다. 이렇게 세타파, 델타파, 깊은 수면단계와 얕은 수면단계의 주기를 하룻밤 동안 서너 번 거치면 드디어 육지에 도착하고, 잠에서 깨어나게 된다.

서퍼의 능력에 따라 서핑할 수 있는 바다의 깊이와 서핑 기술의

당신이 잠든 사이에…… 무슨 일이 벌어질까

질이 달라지듯, 수면의 바다에서도 마찬가지로 각자의 수면능력에 따라 수면의 질이 달라진다. 수면의 바다에서 가장 출중한 서퍼는 단연 어린아이로, 수면 전문가들은 소아기를 수면의 황금기라고 지칭한다. 신생아의 수면능력을 검사하는 수면학자들은 매번 아기의 수면능력에 감탄한다. 하루 중 대부분의 시간을 잠자는 데 보내는 신생아는 눈을 감자마자 거침없이 깊은 바다로 헤엄쳐간다. 성인은 얕은 잠인 1, 2단계의 수면을 거쳐야 비로소 깊은 수면에 들어갈 수 있는데 말이다. 잠수부로 말하자면 풋내기 다이버가 감압단계도 없이 곧장 수십 미터까지 잠수해버리는 놀라운 일인 것이다.

이뿐만이 아니다. 깊은 잠의 시간, 렘수면 같은 숙면지표에서도 신생아는 어른을 압도한다. 이렇게 수면능력이 뛰어나니 아이는 하루가 다르게 성장한다. 잠을 통해 몸과 뇌를 모두 건설하는 것이다. 수면능력이 곧 성장의 원동력이다.

아이들이 누군가에게 배워서 수면능력이 뛰어난 것이 아니듯, 사실 우리는 모두 태어나면서부터 수면능력을 갖춘다. 하지만 나이가 들면서 수면을 방해하는 외부 요인이 많아지고, 잘못된 수면습관을 하나둘 가지게 되면서 타고난 수면능력이 떨어진다. 그렇기에 나이가 들어갈수록 수면의 기술은 더더욱 필요하다. 수면환경과 컨디션 조절에 조금만 신경을 기울인다면, 여유롭게 수면의 파도를 타고 서핑을 즐길 수 있다.

'나'는 자지만 '뇌'는 깨어 있다, 렘수면의 마법

한 가지 실험을 해보자. 검지를 쭉 펴들고 눈앞에서부터 시작해 옆쪽으로 서서히 옮겨보자. 그러다보면 어느 순간 검지가 사라지는 지점이 있을 것이다. 거기서 멈추어보라. 그 지점이 바로 맹점blind spot이라고 하는 부분이다. 맹점은 망막 중심부에서 코 쪽으로 약 15도 밑에 있는, 타원형 모양을 띤 보이지 않는 부분이다. 보이지 않는 부분이 있으니 답답할 법도 한데, 신기하게도 우리 눈은 이 부분을 연결해서 보여준다. 끊어진 부분을 그대로 놔두지 않고 연결해서 보여주는 눈의 능력 덕분에 우리는 아무런 불편함을 느끼지 못하고 생활할 수 있다. 참 고마운 일이다.

수면 역시 단절되어 있는 기억을 이어주고, 생각의 조각을 정리해주어 다음날 기억의 단절이 생겨나는 것을 방지해준다. 렘수면단계에서 일어나는 일이다. 이 수면상태에 들어가면 눈이 좌우로 빠르게 움직이는 안구운동이 나타난다. 렘은 '빠른 안구운동'의 약자이다. 렘수면은 수면 연구가인 나타니엘 클라이트만이 1950년대 초에 발견했는데, 인류사의 주요 질병 대부분이 그 이전에 발견되었던 것과 비교하면 수면학은 그 중요성에 대한 인식이 떨어져 발전이 늦었다고 할 수 있다.

우리는 흔히 잠을 자면 뇌 역시 모든 활동을 멈춘 채 휴식을 취한다고 생각하지만 그렇지 않다. 렘수면상태에서 안구가 급속도로 움직인다는 것은 그만큼 뇌가 활발한 활동을 하고 있다는 뜻이다.

몸은 자고 있지만 이 상태에서 뇌는 끊임없이 움직이며, 뇌의 움직임에 따라 심장박동이나 혈압, 호흡이 빨라지기도 한다. 렘수면이 끝나면 뇌는 다시 조용한 수면상태로 바뀌어 휴식을 취하고, 다시 렘수면으로 가는 과정이 반복된다. 그래서 우리는 하룻밤 총 서너 번의 렘수면상태에 빠지게 되고, 그때마다 '꿈'이라는 놀라운 마법을 경험하게 된다.

전 세계에 뱀파이어 열풍을 일으킨 『트와일라잇』의 저자 스테프니 마이어는 '꿈'의 놀라운 위력을 보여준다. 아이를 유치원에 데려다주고 오다 잔디밭에서 잠깐 잠든 스테프니 마이어는 꿈속에서 기이한 장면을 본다. 한 잘생긴 남자와 아리따운 소녀가 잔디밭에 누워서 손을 꼭 잡고 서로를 사랑스럽게 응시하고 있었는데, 남자를 가까이 살펴보니 송곳니를 가진 뱀파이어였다. 앳된 소녀는 이 사실을 모두 알고 있는 듯했지만 두 사람의 사랑은 이미 너무도 견고한 듯싶었고, 두 사람은 끊임없이 이야기를 나누고 있었다. 스테프니 마이어는 그 이야기를 재미있게 듣다 잠에서 깨어났고, 집으로 돌아오자마자 꿈속에서 엿들었던 이야기를 컴퓨터로 옮겨 쓰기 시작했다. 그 작업은 거의 2년 동안이나 계속됐고 이윽고 전 세계 소녀들을 울린 대작이 탄생했다.

렘수면상태에서는 뇌의 각 부분에 있는 관련 정보가 새로운 정보와 연결, 융합되면서 새로운 아이디어로 탄생하기도 한다. 특히 일정 수준의 지식이 축적되었거나, 스테프니 마이어처럼 한 가지 생각에 심취되어 있을 때 뜻밖의 결과가 나타난다. 정보를 처리하는 과정에서 잠재의식 속에 있던 정보가 의외의 조합을 이루며 만들어내는 결과다. "꿈에서 조상님이 알려주신 정보야"라는 말 속의 정보는 사실 오랫동안 고민해온 내 경험과 지식 등이 잠자는 동안 조합해 만들어진 '내 생각'인 것이다.

낮 동안의 경험은 '해마'라는 단기 저장소에 일시적으로 보관된다. 그러다 밤에 렘수면을 취하는 동안 '기억'으로 등록되고 정리되는 과정을 겪으면서 대뇌에 장기 보관된다. 만약 수면이 부족하거나 수면장애가 있어 수면의 질이 떨어지면 깨어 있는 동안의 경험이나 학습된 내용이 장기기억으로 남기 힘들다. 총 수면시간이 짧아지면 깊은 잠의 단계로 바로 들어가므로 뇌가 깨어 있는 수면단계인 렘수면이 사라지기 때문이다. 이 단계를 뛰어넘는다는 것은 뇌와 관련된 중요한 지적 활동(학습, 사고, 기억 등)을 생략하는 것과 같다. 특히 렘수면은 수면의 후반부로 갈수록 그 비중이 높아지기 때문에 이 시간대를 제대로 보내지 못한 경우 창의적인 생각은커녕 기억력마저 떨어질 수 있다.

수면, 특히 꿈과 관련된 렘수면을 잘 취해야만 잠재의식 속에 존재하는 기존 정보와 새로운 정보가 연결될 수 있으며, 그후 비교와 삭제, 보완과 융합 등의 과정을 거치면서 창의적인 생각이 도출될 수 있다. 학습 후 충분한 수면을 취해야 하는 이유도 바로 여기에 있다. 그러니 겨우 4시간을 자면서 공부하는 수험생을 보면 안타까울 수밖에. 수험생이나 정확하고 빠른 판단을 내려야 하는 사람, 효율성을 높여야 하는 이들은 의식적으로 적정 수면시간을 유지하여 머리를 정리하는 것이 가장 중요하다.[4]

우리의 잠을 바꾼
위대한 발견 혹은 발명

1990년대 후반, 당시 이름 없던 한 제약회사는 심장병 치료를 위한 실험을 진행하고 있었다. 실데나필이라는 성분으로 이루어진 약을 개발중이었는데, 심혈관 확장과 혈압을 떨어뜨리는 효과가 기대했던 것만큼 나타나지 않자 경영진은 고심 끝에 실험을 중단하기로 했다. 이후 실험대상자들에게 중단 사실을 알리고 그동안 쓰던 약을 반납하도록 안내했는데 연락을 받은 사람들의 반응이 이상하게 떨떠름했다. 갑작스러운 실험 중단에 항의하는 사람도 있었고, 심지어 약의 반납을 차일피일 미루는 사람도 생겨났다. 이유를 알 수 없는 난감한 상황에 제약회사는 무언가 이상한 낌새를 채고, 약 반납을 거부하는 실험자를 대상으로 심층 인터뷰에 들어갔다. 그랬더니 이유가 있었다.

당신이 잠든 사이에…… 무슨 일이 벌어질까

실험하던 심장약은 심혈관계에는 큰 효과가 없었지만 제약회사도 모르던 부작용이 있었다. 바로 성기혈관을 확장하는 것이었다. 성기능이 떨어지던 환자들은 기대하지 않았던 '즐거운 부작용'을 은근히 즐겨왔기에 실험 중단에 실망했던 것이다. 결국 그 약은 원래의 개발 목적과는 전혀 다르게 발기부전 치료제로 출시되어 대성공을 거둔다.

화이자의 '비아그라' 탄생에 얽힌 비하인드 스토리다. 세상의 위대한 발견 혹은 발명 중에는 이렇게 우연에 의한 것이 종종 있다. 수면과 관련한 것 중에도 이러한 사례가 상당히 많다. 잠의 문화를 뒤바꾼 전구의 발명부터 침대, 라텍스, 수면을 도와주는 IT기기의 등장까지 우연과 필연이 섞여 탄생한 것들이 굉장히 많고 다양하다. 지금부터 우리의 수면을 바꾼 위대한 발견 혹은 발명을 만나보자.

전구의 발명으로 얻은 것과 잃은 것

인간의 삶을 가장 크게 바꾼 사건이 있다면 25만 년 전 불을 다루고 사용하게 된 일이 아닐까 싶다. 불의 사용은 인간의 기본적인 삶, 의식주 모든 곳에 획기적인 변화를 가져다주었다. 집 안의 온도를 따뜻하게 유지해 건강한 삶을 가능하게 해주었고, 삶고 굽는 것을 가능하게 해 다양한 영양소를 섭취하게 해주었다. 또 공간의 확장도 가져왔다. 아프리카에서 시작한 인류가 따뜻한 불을 들고 추운 대륙으로 건너가기 시작했던 것이다.

불 다음으로 큰 사건은 바로 전구의 발명이다. 1879년 토머스 에디슨이 백열전구를 발명하자 인간의 수면에는 혁명과 같은 변화가 찾아왔다. 밤은 더이상 잠만 자는 시간이 아니었다. 사람들에게는 밤문화가 생겨났고 마치 시간이 길어진 것처럼 인류에게는 더 많은 일을 할 수 있는 시간이 주어졌다. 더 많은 철학, 더 많은 생산이 전구로 밝혀진 밤 속에서 이루어졌다. 전구의 발명은 밤에도 활동할 수 있는 '자유'를 준 사건과도 같았다.

하지만 수면의 측면에서 보자면 전구의 발명이 꼭 긍정적인 것만은 아니었다. 밤이 되어도 전구의 불빛으로 인해 어둠에서 자유로울 수 있는 상황은 결국 잠을 줄이는 결과를 가져왔고, 수면시간과 수면리듬을 깨뜨리는 원인이 되었으니 말이다. 전구가 발명되기 전에는 해가 지면 자고 해가 뜨면 일어나는 자연의 리듬에 맞추어 생활했는데, 전구가 발명된 뒤로는 아무도 그렇게 하지 않았다. 어두운 밤에도 도시를 환하게 밝혀주는 가로등과 화려한 전광판, 24시간 편의점 불빛, 자동차의 전조등에 이르기까지 현대의 공간은 그야말로 다양한 조명으로 가득차 있다. 어두운 밤에도 잠실 야구경기장에서 새어나오는 불빛을 16킬로미터 이상 떨어진 거리에서도 볼 수 있을 정도니 가히 빛의 홍수라고 해도 과언이 아니다.

그 조명이 밤의 어둠을 빼앗아가고 있다. 2001년 왕립천문학회의 조사에 따르면 무차별로 내뿜는 빛 때문에 미국 인구의 3분의 2, 그리고 유럽 인구의 절반 이상이 맨눈으로 은하수를 볼 수 없는 빛 공해지역에 살고 있다. 은하수를 맨눈으로 볼 수 있는 시절이 있었다는 말이냐는 반문이 나올 정도로 '은하수는 볼 수 없는 것'이라는 인식이 자리잡고 있다. 이에 대한 재미난 에피소드가 있다. 1994년 미국 LA에서 지진 때문에 정전이 되었을 때 사람들은 하늘을 보다가 이상한 빛의 구름을 발견했다. 어떤 사람은 UFO라고 했고, 어떤 사람은 기괴한 천문현상으로 생각해 공포에 사로잡혔다. 급기야 일부 주민은 '거대한 은빛 구름'이 나타났다며 경찰에 신고까지 했다. 그런데 LA 주민들이 정전된 그날 밤에 본 것은 UFO도 구름도 아니었다. 그것은 '은하수'였다.[5]

인간의 몸에는 태양의 움직임에 맞춰진 바이오리듬이 작동하고

TIP

숙면을 위한 조명 설정

1. 침실의 전체 조명은 조금 어둡게 하는 것이 좋다. 침실 조명은 백열등과 전구색의 형광등으로 하고, 잠들기 직전에는 간접 조명으로 침실에 그림자가 지도록 하는 것이 좋다. 조명을 리모컨으로 조절할 수 있다면 도움이 된다.

2. 자고 있는 동안은 조명을 모두 끄거나, 침대 옆 탁자에 약간의 빛이 나오는 정도의 조명을 사용한다. 창문을 통해서 외부의 빛이 들어온다면 커튼으로 빛을 차단하는 것이 좋다.

3. 아침에 잠에서 깼을 때는 창문을 열고 밖에서 들어오는 햇빛을 충분히 받도록 한다. 아침 햇빛은 밤의 잠과 시간적으로는 가장 멀지만, 생체리듬을 조절하는 데 아주 중요한 역할을 한다.

있다. 날이 밝으면 눈을 뜨고, 어두워지면 졸리고 잠이 오는 것이 자연의 섭리다. 하지만 조명은 물론 갖가지 최첨단 도구가 만들어진 이상 그것들을 다 버리고 자연에 순응해 살라고 하는 건 맞지 않는 이야기다. 그래도 적어도 잘 때만큼은 조명이 없던 시절 컴컴했던 밤처럼 어둠 속에서 숙면을 취해보는 건 어떨까? 스마트폰이나 태블릿PC는 잠시 내려놓고 말이다. 밝기와 잠의 깊이의 관계에 관한 연구에 따르면, 침실에서 책을 읽을 수 있는 정도보다 조명이 밝을 경우 잠의 질에 악영향을 준다. 잠들기 쉽고 적당한 빛의 밝기는 10룩스 정도인데, 이것은 사물의 색과 형태를 알아볼 수 있는 정도라고 할 수 있다.

수면의 새로운 패러다임, 라텍스의 탄생

기관지 천식과 폐결핵 치료, 심장 강화에 도움이 되는 것은 물론 피부를 소독하는 약리작용까지 하는 피톤치드는 타이완에서 처음 발견됐다. 다친 짐승들이 숲속에 들어가서 한참을 쉬더니 마치 아무 일도 없었다는 듯 팔짝팔짝 뛰어나오는 것을 보고는 숲속의 무언가가 치유효과를 낸 게 아닌지 의문을 품다 발견한 것이다. 집중력을 높여주고 스트레스를 완화해주며 공기정화와 항균, 탈취, 살균작용까지 하는 피톤치드는 이후 일상화되었다.

오늘날 매트리스로 많이 쓰이는 라텍스도 탄생 이야기로만 보자면 피톤치드만큼 재미있다. 라텍스는 원래 남아메리카와 아시아 일부 지역, 특히 인도에서는 30~50미터까지 자라는 것으로 알려진 고무나무에서 나오는 액체다. 고무나무에 상처를 내거나 나무줄기를 베면 하얀 액체가 나오는데, 이 액체가 바로 라텍스다. 라텍스는 라틴어로 '액체' '음료'라는 뜻을 가지고 있는데, 이 라텍스에 특정한 약품이나 사후처리를 하면 우리가 보는 고무처럼 탄성을 가진 유연한 고체로 변하는 것이다.

중앙아메리카의 고대 마야인이 라텍스를 응고시켜 공으로 가지고 놀았다는 기록도 있다. 심지어 라텍스를 껌처럼 씹는 마야인의 모습을 그린 기원전 2세기경 벽화가 멕시코에서 발견되기도 했다. 그만큼 마야인의 라텍스 사랑은 남달랐다. 근대에 들어와서는 산업혁명의 종주국인 영국의 찰스 매킨토시가 비옷에 고무 성분을 적용, 코팅용으로 써서 화제를 불러일으키기도 했다. 그의 시도는 아주 성공적이어서 아직도 영국 일대에서는 비옷을 매킨토시라고 부른다.

라텍스를 상업적으로 대량화할 수 있는 길을 연 사람은 찰스 굿이어였다. 굿이어가 라텍스의 가공비법을 알게 된 것은 잠 때문이다. 굿이어는 라텍스를 대중화하면 크게 성공할 수 있을 것이라 믿고 지나치게 많은 수분을 줄일 수 있는 방법을 연구했지만 실패에 실패를 거듭했다.

그러던 어느 날, 그는 그날도 밤늦도록 실험에 몰두하고 있었는데, 황과 산화아연가루를 고무에 섞어 오븐 위에 올려놓고는 잠이 들어버렸다. 연일 계속된 실험에 지친 나머지 곯아떨어진 것이다. 다음날 잠에서 깬 그는 오븐 위에 올려놓은 고무가 마르고 탄성 있는 형태로 바뀐 것을 발견하고는 환호성을 질렀다. 그가 쓰러져 잠든 덕분에 모든 이들의 잠을 편안하게 해줄 탄성 있는 라텍스를 발견한 셈이다. 그렇게 라텍스의 역사가 시작되었고, 라텍스의 인기와 더불어 고무 생산량도 급증했다. 2015년 세계의 고무 생산량은 3000만 톤이 넘는 것으로 추정된다.

여전히 우리나라 사람들은 스프링 침대를 선호하지만(스프링 침대가 53퍼센트, 라텍스와 메모리폼 침대가 15퍼센트를 차지한다) 세계적으로는 신체의 굴곡을 감싸주는 라텍스 소재의 침대를 가장 많이 사용한다. 전체적으로 몸을 감싸 편안한 자세를 만들어주는 것도 그렇고, 진드기 등 항균성을 고려하면 라텍스가 훨씬 많은 장점을 갖고 있기 때문이다.

수면의 수준을 한 단계 끌어올려줄 IT 기기

'스마트한 시대'라는 말이 벌써 식상하게 느껴질 정도로 요즘 IT 발전속도는 엄청나게 빠르다. 하지만 수면 분야에서는 IT라는 단어가 아직 낯설다. 잠자는 시간은 아날로그적 시간이라는 생각 때문이기도 하고, '자는 데 무슨 IT기기냐'라는 생각 때문이기도 하다. 하지만 IT기기를 잘 활용한다면 스마트한 잠을 잘 수 있다.

건강에 쏠리는 관심은 이제 단순한 관심의 차원을 넘어섰다. 몸에 착용하는 IT기기 '웨어러블 디바이스'의 도움을 받는 상황이 단적인 예다. 현재까지 가장 널리 보급된 웨어러블 디바이스는 스마트밴드라고 불리는 것으로 손목이나 허리, 옷깃에 착용하는 디바이스다. 이것을 착용하면 그날그날의 활동량을 측정하고 분석해 몸의 상황을 알려준다. 그리고 대부분의 웨어러블 디바이스에는 기본 혹은 옵션으로 수면관리기능이 포함되어 있다. 미스핏이나 위딩스 같은 기업의 경우는 아예 별도의 수면 관련 디바이스를 개발하기도 했다. 주로 뒤척임과 같이 수면중 발생하는 움직임을 분석하는 형태로, 수면정보를 확인하고 관리할 수 있도록 도와주는 기기다.

한국계 미국인 제임스 박은 얼마 전 수면상황 측정이 가능한 디바이스 '핏빗Fitbit'을 만들어 1조원 이상의 대박을 터뜨렸다. 핏빗은 손목에 착용하는 기기로, 수면 시작시간과 종료시간, 수면단계, 수면효율성과 같은 수면정보를 분석한다. 2015년 출시된 '차지 시리즈'의 경우 자체 내장된 센서를 통해 손목 부위의 심박수를 수집하여 수면패턴을 분석한다. 단, 수면모드를 자동으로 인식하지 못해 사용자가 직접 수면모드로 변경해야 하는 불편이 있다.

조본의 '업 시리즈'는 진동감지를 통해 수면패턴을 분석하여 수면단계를 알려주는 기능을 최신 버전에 포함하기로 결정했다. 미스핏의 '샤인'은 함께 제공하는 액세서리를 통해 목걸이, 시계, 클립 등 다양한 위치 조정이 가능하다. 가장 정확하다고 알려진 웨어러블 디바이스인 지오의 '퍼스널 슬립 코치'는 전문 수면 모니터링 디바이스로, 헤어밴드 형태의 센서를 장착하여 수면시 뇌파를 분석해 수면패턴을 알려준다. 측정 결과는 컴퓨터 프로그램을 통해 분석되고 사용자에게 맞는 수면방법이나 수면환경 변경과 같은 지침을 제공한다. 스프라우틀링은 영유아 대상의 베이비 모니터를 개발했다. 영유아는 의사표현이 서툴고 지속적인 모니터링이 필요한데, 기기를 발목에 채워두면 수면패턴, 심박수는 물론 체온변화를 측정할 수 있다.

물론 이 모든 제품을 꼭 구비할 필요가 있는 것은 아니지만, 혹시 수면에 문제가 있다고 판단된다면 이 같은 IT기기의 도움을 받아보는 것도 나쁘지 않다. 자신의 수면상황을 좀더 객관적이고 체계적으로 측정할 수 있기 때문에 지금보다 수면의 수준을 한 단계 더 끌어올려줄 것이 분명하다. 잘 만난 IT기기 하나는 수면의 든든한 우군이 될 것이다.

태아형, 역태아형……
수면자세가 당신의 건강을 좌우한다

홍콩을 넘나들며 종횡무진 반도체장비산업을 키워나가던 한 기업의 CEO는 어느 날 자신의 몸상태가 정상이 아님을 깨달았다. 언제 휴가를 썼는지 기억조차 나지 않았고, 피로는 엄청나게 누적되어 있었다. 처음에는 그저 며칠 과로해서 그러려니 하고 아무렇지 않게 넘겼지만, 아내가 수면클리닉에 한번 가보는 게 좋겠다며 조심스럽게 이야기를 꺼내자 상황의 심각성을 인식했다. 아내는 그가 잠을 자면서 숨을 쉬지 않는다고 했다. 다른 것도 아니고 호흡을 멈춘다니, 출장중 혼자 자다가 숨을 쉬지 못해 그대로 깨어나지 못하는 경우를 상상하니 끔찍했다.

그제야 그는 부랴부랴 병원을 찾았고 수면다원검사를 받았다. 결과는 그의 잘못된 수면자세에서 무호흡증 등의 수면문제가 발생했고, 그것이 그의 건강을 심각하게 해치고 있다는 진단이었다. 해외 출장을 밥 먹듯이 가고, 직원들이나 거래처와의 술자리도 잦고, 자신이 없으면 안 된다는 슈퍼맨 신드롬에 빠져 있는 동안 그의 몸은 최악의 상황으로 치닫고 있었다. 그는 곧장 전문경영인을 선임해 회사를 맡기고 제주도로 내려가 새로운 삶을 시작하기로 했다. 갑작스러운 선언에 당황한 사람들에게 그는 이렇게 말했다.

"수면문제가 오히려 제 삶의 터닝포인트가 되었습니다."

그렇게 그의 삶은 오히려 새롭고 건강해졌다. 이처럼 수면자세는 목숨을 위협할 수 있을 정도로 중요하기에 정확한 정보를 알아야 한다.

잘못된 수면자세가 생명을 위협한다

기업이 맞닥뜨리는 가장 큰 문제 중 하나는 불황이다. 하지만 뒤집어 생각해보면 불황은 오히려 기회가 되기도 한다. 일본에서 '경영의 신'이라 불리는 기업인 마쓰시타 고노스케는 "불황은 기회요, 개선과 발전의 호기"라고 했다. 그는 "불황은 호황 때 숨겨졌던 문제가 일거에 표출되는 시기이니 문제의식을 원점에서 생각할 기회를 준다"고 설명했다. 위기일 때는 '무엇을 위한 사업인가' '왜 회사가 존재하는가'와 같은 근본적인 질문을 하게 되기에 새롭게 경영이념을 다질 수 있는 기회라는 것이다. 즉 불황이 어려운 문제이긴 하지만 이에 어떻게 대처하느냐에 따라 기업이 건강해지는 기회가 될 수도 있다는 뜻이다.

몸의 이상신호도 마찬가지다. 몸의 이상신호는 그냥 오지 않는다. 건강습관, 관리부족, 심리적 스트레스가 합쳐져 건강악화라는 결과로 나타난다. 그러니 문제가 발생했다면 그동안의 방식을 전면적으로 재점검해볼 수 있는 기회로 생각해야 한다. 또한 건강을 망쳐가면서까지 추구하고 있는 것이 과연 내 삶에 어떤 의미가 있는지 근본적인 질문부터 다시 던져봐야 한다. 굳이 하지 않아도 될 일을 하고 있거나 억지로 떠맡고 있는 것은 아닌지 자문할 필요가 있다. 전장에 비유한다면 유아독존 나폴레옹 신드롬에서 벗어나 넬슨의 부하 위탁형 리더십으로 가야 할 때가 아닌지 돌아봐야 한다.

어떤 자세로 잠을 자느냐는 우리 몸 전체에 굉장히 중요한 문제다. 자는 자세에 따라 병이 더 악화되기도 하고 개선되기도 하기 때문이다. 잘못된 자세는 몸의 특정 부위에 부담을 가중시켜 결국 디스크나 근육통 같은 질환을 유발할 수 있다. 따라서 나는 어떤 자세로 자고 있는지, 내 건강상태에 맞게 제대로 자고 있는지 먼저 살펴봐야 한다.

뉴욕의 정신과 전문의 새뮤엘 단켈은 사람들의 수면자세를 똑바로 누워 자는 형, 엎드려 자는 형, 태아형, 역태아형의 네 가지 유형으로 분류했다.

일반적으로 수면자세는 본인이 편한 자세를 취하기 때문에 사람마다 다르다. 흥미로운 사실은 같은 사람이라 하더라도 심리상태에 따라 그날그날 자세가 변하기도 한다는 것이다. 심리를 나타내는 대표적인 자세는 바로 태아형이다. 일도, 삶도 별일 없이 순조로운 사람은 보통 바로 누워 자거나 모로 잔다. 그런데 어느 날 몸을 웅크린 채 태아형으로 잤다면 자신의 인간관계나 비즈니스에 대해 한번 고민해볼 필요가 있다. 마음이 편치 못할 때 태아처럼 웅크리고 잠으로써 심리적으로 위안을 얻으려 하기 때문이다.[6]

수면자세에 따라 몸에는 어떤 영향이 있으며, 단점은 어떻게 보완하는 게 좋을까? 미국의 건강사이트인 헬시푸드 하우스닷컴은 수면자세를 여덟 가지로 분류하고 자세와 건강의 관계에 대해 상세히 기술했는데, 여기서는 주요한 자세 몇 가지만 소개한다.[7]

1. 엎드려 자는 자세.

수면자세 중 가장 권장하지 않는 자세로, 되도록이면 다른 수면자세를 취하는 편이 좋다. 엎드려 자면 숨쉬기 위해 얼굴을 옆으로 돌릴 수밖에 없다. 이 자세는 목과 허리에 부담을 줘 통증을 유발할 수 있다. 특히 신생아의 경우 영아돌연사의 원인이 될 수 있다.

엎드리지 않고는 도저히 잠을 청할 수 없다면 보통의 베개보다 조금 더 낮은 베개를 사용하여 목의 부담을 줄이도록 하자. 푹신한 베개보다 다소 딱딱한 베개를 택하면 호흡 방해를 줄일 수 있다. 또한 보디 베개를 아래에 깔고 비스듬히 누우면 엎드려 자는 듯

당신이 잠든 사이에…… 무슨 일이 벌어질까

한 느낌을 받으면서도 실제로는 약간 경사진 자세를 취할 수 있어 목과 허리에 가는 부담을 다소 줄일 수 있다.

2. 태아형 자세.

코를 고는 사람이나 임부에게 좋은 자세다. 매우 편안해 보이지만 이 또한 등과 목에 통증이 생길 수 있다. 이런 경우에는 옆으로 누워도 목의 높이를 유지할 수 있는 측면 베개를 권한다.

이불은 심리적 안정감을 줄 수 있도록 드레이프성이 강해 몸에 포근하게 감기는 거위털 이불을 추천한다. 얼굴이 이불에 닿을 가능성이 높기 때문에 피부 감촉이 좋고 부드러운 소재를 택하도록 하자. 또한 보디 베개를 이용하면 팔이나 다리에 가해질 수 있는 압력을 분산해 보다 편안한 잠을 자는 데 도움이 된다.

3. 오른쪽으로 누워 자는 자세.

모로 누워 자는 사람에게 어느 쪽으로 누워 자느냐는 매우 중요하다. 오른쪽으로 누워 잘 경우 속쓰림이 생길 가능성이 높다. 폐, 위, 간과 같은 장부에 압력이 가해지기 때문이다. 그래서 의사들은 임신한 사람이라면 왼쪽으로 누워 잘 것을 권한다.

이 자세에서 다리 사이와 배 아래, 허리에 보조 베개를 사용하면 골반과 다리에 가해지는 부담을 줄여주고 허리도 지지해주어 보다 편안하고 안정된 자세를 취할 수 있다. 혹시 어깨 통증이 있다면 가슴 높이 정도의 보조 베개를 사용해 그 위에 손을 얹고 자면 어깨 근육의 긴장을 푸는 데 도움이 된다.

4. 큰대자로 누워 천장을 보고 자는 자세.

목과 척추에 가장 좋은 수면자세로 알려져 있으나, 코골이가 일어날 가능성이 가장 많은 자세이기도 하다. 특히 수면무호흡증은 이 자세와 관련이 깊다.

코골이가 있는 사람은 옆으로 누워 자는 것이 큰 도움이 된다. 바로 누워 자는 경우 베개 높이 등을 조절하면 목의 긴장을 완화하고 코골이를 방지할 수 있다. 또한 무릎 아래에 보조 베개를 놓거나 허리 아래에 낮은 높이의 보조 베개나 접은 타월을 깔아주면 신체의 자연스러운 굴곡이 유지되어 압력이 분산된다.

이야기가 나온 김에 코골이에 대해 자세히 살펴보자. 2003년 일본 신칸센에서 생각만 해도 아찔한 사건이 발생했다. 신칸센 운전사가 주행중 잠드는 바람에 신칸센이 정차 지점에서 100여 미터나 지나쳤다가 자동제어시스템에 의해 간신히 멈춰선 것이다. 자동제어시스템이 없었다면 수백 명이 목숨을 잃었을지도 모르는 사건이었다.

조사 결과 운전사는 8분간 졸면서 26킬로미터를 운전했다고 한다. 서울역에서 경기도 광주까지의 거리를 운전사 없는 유령기차로 달린 셈이다. 신칸센의 운행속도가 시속 270킬로미터라는 점을 감안한다면 인명사고가 나지 않은 것은 천운이었다. 문제는 이 운전사가 단순 졸음운전을 한 것이 아니라는 데 있다. 그는 코골이와 수면무호흡증을 가진 환자였다. 수면무호흡증을 앓는 환자의 과제수행 능력은 혈중 알코올 농도 0.06~0.08퍼센트(일반적으로 취했다고 느끼는 정도)인 사람과 같다. 사실상 술에 취해서 열차를 몰았다고 할 수 있다.

코골이는 50대 중반 남성이 아내에게 이끌려 수면센터를 찾는 대부분의 이유 중 하나다. 코고는 소리를 더이상 참을 수 없었던 아내가 억지로 남편을 병원으로 끌고 가곤 한다. 사실 본인은 이 증상이 있어도 인식하기 어렵고, 주변에서 말을 해준다 해도 심각성을 잘 깨닫지 못한다.

지나친 코골이는 수면무호흡증의 초기 신호로써 중요한 단서가 된다(그 외에도 집중력·사고력·기억력 저하, 낮시간대의 졸음, 피로, 두통, 짜증, 짧은 주의집중시간 등으로도 수면무호흡증을 판단할 수 있다). 코를 심하게 고는 것은 수면중 숨쉬는 데 문제가 있다는 의미다. 즉 잠자는 동안에 좁아진 기도로 억지로 숨을 쉬기 때문에 코를 고는 것이다. 그리고 이렇게 코를 고는 사람의 절반 이상이 수면무호흡증 환자다.

한번은 코골이가 심한 40대 남성이 아내의 손에 끌려 병원을 찾았는데, 그의 수면다원검사 결과는 상당히 심각했다. 수면 1시간당 무호흡-저호흡 같은 호흡장애가 73회, 즉 1분에 1.2회 이상의 수면 호흡장애가 발생했다. 그는 최근 1년 사이 졸음운전으로 인한 교통사고를 3번이나 일으켰다고 한다. 그나마 다행스럽게도 구강, 비강

쪽에 구조적 이상이 없는 경우여서 양압호흡기 치료에 들어가 상당한 효과를 보았다.

코골이, 수면무호흡증은 고혈압, 관상동맥질환, 심부전, 부정맥 등과 같은 심장질환과 아주 밀접한 관련이 있다. 수면중 상기도 협착으로 인해 숨이 멈추면 혈액 속의 산소 농도가 점점 감소하면서 뇌에서 각성작용이 일어난다. 이러한 각성현상은 교감신경계를 활성화하고 수면분절 등을 일으켜 심장을 비롯한 혈관계에 해로운 영향을 미친다. 각성현상이 매일 밤 수십 번에서 수백 번 이상 반복되면 결국 심장에 무리가 오는 것이다. 폐쇄성 수면무호흡증이 있는 경우 심장질환 발생률은 대략 30~80퍼센트까지 높아진다(수면무호흡증은 폐쇄성, 중추성, 혼합형으로 분류되는데 수면무호흡증 환자의 90퍼센트 이상이 폐쇄성 수면무호흡증이다).

수면무호흡증 등 수면장애가 가져오는 경제적 손실도 대단하다. 미국 국립수면재단은 생산성, 의료비용, 병가 사용과 그로 인한 재산 및 환경의 피해를 합하면 미국에서 수면박탈과 수면질환으로 발생하는 손실이 연간 1000억 달러 이상이라고 보고했다. 이와 더불어 수면 관련 문제를 가지고 있는 미국인이 700만 명에 달하며, 만성 수면질환을 앓는 사람은 400만 명에 육박한다고 발표했다.

미국 연방정부 도로교통안전관리청은 보수적으로 추정한 다음과 같은 통계도 발표했다. 연간 10만 건의 교통사고가 졸음운전으로 인해 발생하고, 이로 인해 1500명의 사망자와 7만 1000명의 부상자, 그리고 125억 달러에 달하는 생산성 및 재산상의 피해가 발생한다

당신이 잠든 사이에…… 무슨 일이 벌어질까

는 것이다. 졸음운전은 폐쇄성 수면무호흡증 환자에게서 빈번하게 발생하니 이 수치는 꽤 유의미하다고 볼 수 있다.

우리는 과연 누워서만 자는 걸까

여기서 잠깐, 흥미로운 질문 하나를 던져보자. 우리는 과연 누워서만 자는 걸까? 아니, 누워서만 자야 하는 걸까? 영화 〈인터스텔라〉에는 우주로 떠난 비행사들이 잠을 자는 장면이 나온다. 그런데 그 모습이 퍽 흥미롭다. 비행사들은 우주선 벽에 자신의 몸을 묶은 채 잠을 청한다. 이 영화는 실제 과학적 근거를 토대로 많은 부분을 구성했기에 과학적인 학습자료로도 손색이 없다고 하는데, 정말 우주에서는 이렇게 서서 잠을 자는 걸까? 그렇게 자도 지구에서 누워서 자는 것과 같은 효과를 가져올까?

실제로 무중력상태의 우주선에서는 아무 곳에서나 잘 수 있으므로 침대가 따로 필요 없다. 그렇지만 잠자는 사람이 이곳저곳 떠다니다가 자칫 기계를 잘못 건드리면 큰 사고로 이어질 수 있어서 자신의 몸을 한쪽 벽에 끈으로 묶거나 침낭에 들어가서 몸을 고정한 채 자야 한다. 그러니 영화 속 묘사는 사실에 가깝다. 최근에는 우주선 안에 관처럼 생긴 1인용 침실을 3~5개 따로 만들어 그곳에서 잠을 잔다고 한다. 만약 우주에서 잠을 잔다면 어떤 느낌일까? 더 편안할까? 안정감이 없어 더 불편하지는 않을까?

사실 우주에서의 잠은 환경적으로 최악의 조건을 갖추고 있다. 우선 기계 소리가 엄청나게 시끄럽다. 국제우주정거장 운영위원회에서 측정한 내부 소음 크기가 75데시벨 정도인데, 이는 지하철에서 전동차가 정차할 때 발생하는 소음과 맞먹는다. 일상에서야 그리 시끄럽게 느껴지지 않는 크기지만 만약 자기 전에 그 소리가 지속적으로 들려온다고 상상해보라. 듣고만 있어도 짜증이 나는데 어떻게 잠에 빠져들 수 있겠는가.

게다가 우주에서는 밤낮이 무려 15번이나 바뀐다. 국제우주정거장이 지구를 한 바퀴 도는 데 90분 정도 걸리기 때문에 일어나는 현상이다. 매일 일출과 일몰을 15번씩 보게 되는 셈이다. 보통 지구에서 밤낮을 하루에 한 번 보는 것과는 차원이 다르다. 하루에 밝음과 어두움의 주기가 여러 번 바뀌니 몸의 생체리듬도 영향을 받는 것은 당연지사. 갑작스러운 환경변화에 제대로 된 잠을 자기란 결코 쉽지 않다.

영화 〈인터스텔라〉에도 나왔듯이 우주선에서의 수면자세는 바닥에 눕는 것이 아니라 벽에 접착시키는 것이다. 물론 무중력상태에서 이렇게 자면 지구에서 서서 잘 때와는 그 느낌이 다르다. 우주선 벽에 붙은 침대에는 커버와 지퍼가 달려 있어 그 안에 몸을 밀어넣으면 꽤 안락하다고까지 한다. 침대에 편히 누워 있는 듯한 안정감이 느껴진다는 것이다. 하지만 아무리 편안하다고 해도 늘 누워서만 자다가 서서 자려면 심리적으로 불안함을 느낄 수 있다. 결국 우주인은 지구에서만큼 편안한 잠을 잘 수 없다는 뜻이다.

당신이 잠든 사이에…… 무슨 일이 벌어질까

이렇게 우주에서의 수면은 최악의 조건 아래 있어 실제 우주인은 고전을 면치 못하고 있지만, 그들 덕분에 알게 된 새로운 사실도 있다. 먼저 밤낮이 15번 바뀌어도 큰 어려움 없이 잘 수 있다는 점에서 우리 몸에는 외부 변화가 있어도 필요한 수면을 지켜내는 생체시계가 존재한다는 것을 알 수 있다. 즉 시차로 인해 밤낮이 바뀌거나 외부의 빛이 차단된 상황에서도 꼭 필요한 수면을 확보하기 위해 생체 내 프로세스가 스스로 작동한다는 말이다. 일주기뿐 아니라 소음과 같은 악조건 속에서도 몸은 이내 적응해 무리 없이 잘 수 있다. 또 우주에서의 잠은 코골이나 수면무호흡증에 긍정적인 영향을 끼친다. 연구개나 혀 같은 연조직이 중력의 영향을 받지 않아 상기도가 좁아지거나 막히는 현상이 많지 않기 때문이다.

　우주선 스카이랩 4호에 탑승했던 우주비행사 제럴드 카는 우주 공간에서 84일간이나 체류했다. 그가 우주에서의 생활을 기록한 자료를 보면, 걱정과 다르게 우주에서의 잠이 아주 편했다고 적혀 있다. 더불어 그는 지구에서는 평소 8시간 정도 잤는데 우주에서는 수면시간이 줄어 7시간 정도만 자도 충분했으며, 그것은 아마도 중력의 작용이 근육의 피로를 줄여준 덕분이 아닐까라고 추측했다. 인간은 적응의 동물이라고 했던가. 최악의 조건 속에서도 이렇게 잘 자고 돌아온 우주비행사를 보면 말이다.

조선은 왜 럭셔리 침구에 몸살을 앓았을까

수면자세와 떼려야 뗄 수 없는 것이 있다면 바로 수면도구다. 안정적인 잠을 자려면 반드시 침대, 이불, 베개 등의 도움을 받아야 한다. 너무 높은 베개를 벤다거나, 지나치게 두껍고 무거운 이불을 덮는다면 잘 때 괴롭기 십상이다. 그런데 침구는 보통 자기가 자기 것을 사는 경우가 드물다. 주로 부모나 아내 등 가족이 대신 사다준다. 이브자리 수면환경연구소에서 조사한 침구 구매패턴에 대한 재미있는 결과가 있다. 이 조사 결과를 보면 우리나라 사람들은 '나의 밤'보다 '너의 밤'에 더 많은 관심을 가지고 있다는 사실을 알 수 있다. 크게는 자녀의 밤과 부모의 밤으로 나뉜다.

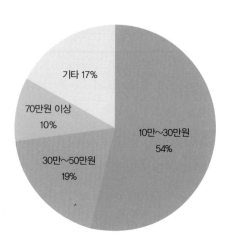

[자녀의 침구 구매에 쓰는 비용]

앞의 도표에서 볼 수 있듯이 자녀가 있는 가구는 부모의 잠보다 자녀의 잠을 더 중요하게 생각하는 것으로 나타났다. 전체의 54퍼센트가 자녀의 침구를 위해서 쓰는 금액이 10만~30만원이라고 답했다. 70만원 이상이라고 답한 사람도 10퍼센트나 되는데 이들은 본인의 침구 구매액에 비해 자녀의 침구 구매에 3배 정도를 더 쓰며, 전반적으로 기능성, 프리미엄 침구에 대한 선호도가 높은 것으로 나타났다. 구매처는 대부분 인터넷, 로드숍, 백화점 등인데 자녀의 침구는 백화점에서 고르는 경우가 압도적으로 높았다. 백화점에서 샀다는 응답이 57퍼센트, 이어서 로드숍 21퍼센트, 인터넷 15퍼센트, 재래시장 2퍼센트의 순이었다.

결국 우리나라 사람들은 지치고 힘든 일상을 살아가는 '나의 밤'보다 입시와 학업에 힘든 '자녀의 밤'을 더 챙기고 있다고 할 수 있다. 하지만 수면상황으로 보면 침구는 아이보다 부모가 더 좋은 것을 써야 한다. 아이는 숙면능력이 뛰어난 편이어서 침구의 영향이 상대적으로 크지 않지만, 나이 들고 스트레스가 많은 부모는 침구의 영향을 비교적 많이 받기 때문이다.

이제 생각을 바꿔야 한다. 아이를 위한 침구보다는 자신의 것을 우선으로 하자. 또한 누군가가 대신 사주는 것이 아니라 내가 직접 만져보고 누워보면서 내게 맞는 적합한 침구를 구입해야 한다. 그리고 그렇게 하는 데 아낌없이 투자해야 한다. 잘 고른 침구는 보약이나 영양제보다도 값지다.

조선시대 사람들이 건강했던 이유는 바로 침구에 아낌없이 돈을 투자했기 때문일 수도 있겠다. 조선왕조 500년 내내 규제와 단속이 행해질 정도로 침구에 대한 조선 사람들의 집착은 대단했다. 연산군 때는 '채단(예물)과 침구에 사라능단(紗羅綾緞, 견직물)을 금한다'라며 사헌부가 직접 건의한 바 있는가 하면, 중종 때는 혼인에 사치를 금단하는 규정을 정하면서 왕실부터 평민까지 예외 없이 혼례시 이불과 요에 명주와 면포만 사용하도록 명을 내리기까지 했다. 세종 27년에는 중신이었던 박연의 아들 박자형이 '이불, 요가 화려하지 못하다'는 이유로 소박을 놓자 곧장 60대와 징역 1년을 선고하며 엄하게 다스리기도 했다.[8]

영정조 때는 임진왜란과 병자호란에 따른 국가적 피폐함이 심각했음에도 침구에 대한 사치가 멈추지 않자, 상의원에서 『상방정례』를 기준으로 검약하도록 계도하기도 했다. 하지만 조선 말 궁중용 침구를 보면 화려한 견직물로 만든 것이 많은데, 사치스러운 침구를 쓰지 말라고 강조하면서도 정작 궁중에서조차 부드럽게 몸에 감기는 최고품 침구의 유혹을 이기지 못한 셈이다.

단순히 욕심으로만 치부하기에는 조선은 너무 긴 기간 동안 럭셔리 침구에 몸살을 앓았다. 그것에는 이유가 있었다. 오복五福과 연관이 있기 때문이다. 오복이란 다섯 가지 복을 의미한다. 수壽는 장수하는 것, 부富는 물질적으로 넉넉하게 사는 것, 강녕康寧은 몸이 건강하고 마음이 편안한 것, 유호덕攸好德은 도덕 지키기를 좋아하는 것, 고종명考終命은 제명대로 살다가 편히 죽는 것이다. 조선 사

당신이 잠든 사이에…… 무슨 일이 벌어질까

람들은 오래 살고 몸이 건강하며 마음이 편안한 '수'와 '강녕'을 이루려면 잠이 절대적인 조건이라고 생각했다. 그랬기에 조정에서 그렇게 엄격히 금했는데도 최고의 침구를 사용하여 장수하고자 하는 욕망을 꺾을 수 없었던 것이다.

지금은 옷 잘 입고 좋은 차를 타는 것만 중요하게 여기지, 침구에 돈을 투자하는 사람은 많지 않다. 남에게 보이는 것에만 신경쓰면서 누구도 보지 않는 침실은 그저 초라하게 내버려두는 것이다. 하지만 샤워를 하고 상쾌한 기분으로 깨끗하고 질 좋은 침구 안으로 쏙 들어갈 때의 기분은 무엇과도 비교할 수 없다. 누구도 보지 않는 곳이지만 하루의 3분의 1을 보내는 침실에 투자할 때, 비로소 장수의 필요조건이 갖추어지는 건 아닐까. 조선시대 조상들의 침구 욕심이 새삼 의미 있게 다가온다.

호르몬과 체온,
밤의 지배자들

할리우드의 스타 커플로 알려진 배우 브래드 피트와 안젤리나 졸리 부부. 어느 날 브래드 피트가 페이스북에 올린 글이 큰 화제를 불러모았다. "내 아내는 무척 아팠습니다"로 시작한 그의 글은 그동안 힘들었던 심경과 그럼에도 여전히 아내를 응원하며 사랑하고 있음을 고백하고 있었다.

브래드 피트가 그 글을 썼을 때는 안젤리나 졸리가 암을 예방하기 위해 미리 유방절제술을 받은 시점이었다. 암이 발병도 하지 않았는데 멀쩡한 몸을 수술한다는 것이 우리 상식에서는 뜻밖의 일이라 많은 언론이 그녀의 행보에 큰 관심을 쏟았다. 그런데 유방절제술을 한 졸리는 몇 개월 뒤 또다른 수술을 받았다. 이번엔 난소제거 수술이었다. 알고 보니 어머니와 언니를 비롯해 많은 집안사람들이

암으로 사망한 가족력이 있기 때문에 유전자 치료 차원에서 미리 손을 썼던 것이다.

그녀의 선택에 갑론을박 많은 논쟁이 있기는 했지만, 분명한 사실은 여자로서는 쉽지 않은 결정이었을 것이라는 점이다. 몸도, 마음도 힘들었을 것이다. 그래도 그녀가 버틸 수 있었던 이유는 아마도 남편의 적극적인 지지와 변함없는 애정 덕이 아니었을까. 브래드 피트의 글에는 그녀에 대한 한없는 사랑이 묻어나 있었다.

남편의 힘과는 비교할 수 없겠지만, 그녀가 버틸 수 있었던 의학적 의미의 조치도 하나 있었다. 바로 에스트로겐 패치 부착이었다. 에스트로겐은 자궁 내막을 두껍게 해주는 호르몬으로, 여성질환 치료시 가장 중요한 역할을 하는 호르몬이다. 안젤리나 졸리는 유방을 절제하고 난소를 제거하며 여성성을 잃어간다는 상실감과 우울함을 에스트로겐이라는 호르몬 촉진을 통해 극복했을 것이다. 이처럼 호르몬은 우리 몸에서 각각의 주어진 역할을 해내며 때로는 장애를 겪는 사람을 도와주기도 한다.

수면에도 그런 호르몬이 있을까? 호르몬 외에 수면을 도와주는 또다른 무언가는 없을까? 수면장애로 힘들어하는 사람이라면 반드시 주목해야 하는 것이 바로 호르몬과 체온이다. 이 두 가지를 통해 손쉽게 잠들 수 있는 방법을 알아보자.

호르몬은 까다롭고 예민하다

『수면테라피』의 저자인 일본 수면학의 대가 미야자키 소이치로 시가 의과대학 교수는 한국 여학생들이 형광등 아래서 밤늦게까지 공부하고 있는 사진을 보고 기겁했다고 한다. 그는 철저한 멜라토닌주의자다. 밤 8시 이후 형광등 불빛과 같은 밝은 환경에 노출되면 멜라토닌이 제대로 분비되지 않아 여성호르몬의 교란이 일어나고, 초경이 빨라지는 등 여성성과 관련해 여러 이상증세를 불러올 수 있다는 것이 그의 주장이다.

그런데 멜라토닌 분비에 이상이 생기면 문제가 발생하는 또다른 영역이 있으니 바로 잠이다. 졸릴 때, 잠을 못 잤을 때, 야근을 했다거나 하여 불규칙한 수면을 취했을 때 평상시의 호르몬 분비상황과 비교해보면 천지 차이가 날 정도로 이 호르몬은 예민하고 중요하다. 혈액도 아니고 호르몬 정도 가지고 웬 호들갑이냐고 할지 모르겠지만, 이 호르몬 하나가 전체 수면의 질을 좌우하기도 한다. 멜라토닌을 비롯해 수면에 영향을 주는 호르몬에 대해 알아보자.

먼저 멜라토닌은 '숙면을 이끄는 마에스트로'라고 표현할 수 있다. 아침에 햇빛을 받으면 건강에 좋다는 이야기는 많이들 알고 있다. 멜라토닌은 바로 이 햇빛과 연관이 있다. 햇빛을 받은 지 14시간 이후부터 멜라토닌이 나오기 시작하고, 분비 후 2시간 정도 지나면 졸음이 밀려온다. 만약 아침 6시에 일어나 햇빛을 쬐었다면 저녁

8시 정도부터 졸리게 된다. 그러니 일찍 일어나면 일찍 자고, 늦게 일어나면 늦게 자는 것은 습관 때문이 아니라 호르몬 때문이다.

또 멜라토닌은 기쁨의 호르몬이라 불리는 '세로토닌'이 변해서 된 호르몬이기에, 즐겁고 긍정적인 사고로 생활하는 사람은 당연히 멜라토닌 분비도 활발해져서 숙면을 취하기 쉽다. 일찍 일어나서 즐겁게 하루를 생활하는 것이 숙면에 도움이 된다는 상식은 사실이다. 나이가 들면 잠이 없어진다는 말도 멜라토닌 분비와 관련 있다. 50대의 경우 멜라토닌 양이 신생아에 비해 5분의 1 정도밖에 되지 않는다. 하루종일 방긋방긋 웃는 아기이니 세로토닌 분비가 많을 것이고, 자연히 멜라토닌도 많아지는 것이다.

멜라토닌 관리가 중요한 또하나의 이유는 앞서 소개한 미야자키 소이치로 교수의 의견처럼 여성의 경우 에스트로겐 분비와 관계가 있기 때문이다. 멜라토닌과 에스트로겐의 관계는 이 두 호르몬이 시소의 양끝에 앉아 있다고 생각하면 이해하기 쉽다. 멜라토닌이 나오면 에스트로겐이 나오지 않고, 에스트로겐이 나오면 멜라토닌이 분비되지 않는다. 햇빛을 받지 않고 실내에만 있거나 잠잘 때가 되었는데도 환하게 형광등을 밝혀놓으면, 멜라토닌 분비가 줄어들고 에스트로겐 분비는 늘어나서 청소년의 경우 성조숙증이 나타날 수 있고, 성인 여성의 경우 유방암 같은 여성암 발병이 증가할 수 있다. 미국 스탠퍼드대의 데이비드 스피겔 박사는 논문을 통해 잠을 제대로 못 자면 코르티솔, 멜라토닌, 에스트로겐 등 암과 연관 있는 호르몬이 불균형을 이루어 암세포 증식가속을 초래할 수 있다고 밝혔다.

코르티솔 역시 멜라토닌 못지않게 수면에 영향을 미치는 호르몬이다. 스트레스를 받으면 우리 몸은 이에 대응하는데, 대표적인 항스트레스 호르몬이 바로 코르티솔이다. 외부자극이 생기면 코르티솔은 부지런히 움직여 더 많은 혈액을 만들고 정신을 맑게 하며 감각신경을 예민하게 만든다. 이를 위해 뇌의 에너지원인 포도당을 만들어 신속하게 공급한다. 즉 스트레스를 받으면 뇌와 몸에 더욱 많은 에너지를 공급하여 그 에너지로 스트레스에 대응할 수 있게 하는 것이다.

그렇다면 이 항스트레스 호르몬은 수면에서 어떤 역할을 담당할까? 코르티솔은 한창 단잠에 빠져 있을 새벽 3시쯤 분비되어 에너지원인 포도당을 만든다. 보통 수면시간을 포함하면 9시간 이상 공복이 생기므로 아침에 일어났을 때 바로 몸을 가동할 수 있는 예비에너지가 필요하다. 코르티솔은 몸에 축적된 지방과 글리코겐을 포도당으로 바꾼다. '잠만 잘 자도 살이 빠진다'는 말은 바로 이 코르티솔의 역할에서 비롯된 것이다. 하지만 기상시간이 늦어져 코르티솔이 차려놓은 포도당 밥상을 먹지 않으면 포도당은 다시 지방으로 전환되어 몸에 저장된다. 자연의 다이어트 혜택을 전혀 받을 수 없게 되는 것이다.

또한 전날 밤 많은 음식을 먹고 잠든 경우에도 코르티솔은 그 역할을 제대로 할 수 없다. 이미 에너지원이 비축되었으니 굳이 새로운 에너지원을 만들 필요가 없기 때문이다. 늦은 밤 간식을 먹으면 음식 자체의 칼로리에, 지방과 글리코겐을 포도당으로 바꾸는 코르티솔의 작용을 억제함으로써 축적된 칼로리까지 더해져 몸에 2배의 칼로리 부담을 준다.

수면과 관계 깊은 마지막 호르몬은 바로 성장호르몬이다. 성장호르몬은 자라는 아이들에게만 필요한 것이 아니라, 성인에게도 무척 중요하다. 성인이 되면 키와 몸이 더 커지지는 않지만 세포는 끊임없이 죽고 다시 자란다. 세포의 재생을 담당하는 것이 바로 성장호르몬이기에 젊음을 유지하려면 이 호르몬이 아주 중요하다. '오늘 좀 푸석하시군요'라는 말을 들었다면 잠을 제대로 자지 못해 성장호르몬이 분비되지 않은 탓일 가능성이 크다.

만약 잠을 6시간 잘 경우, 최초의 3시간 동안 성장호르몬이 다량 분비된다. 처음 잠이 중요한 이유는 DNA합성과 연골합성, 손상된 세포 회복 등 신체 유지와 연관 있는 성장호르몬 때문이다. 밤을 새우고 난 다음날 화장이 들뜨는 이유는 성장호르몬이 제대로 분비되지 않아 노폐물 배출, 세포의 교체 및 치유와 같은 생명활동이 제대로 일어나지 못했기 때문이다. 이러한 상태가 계속되면 얼굴이 붓기도 하고, 눈 밑에 혈액이 뭉쳐 다크서클이 생기기도 한다.[9]

체온만 잡아도 절반은 성공

아침에는 시간이 정말 빨리 간다. 대충 씻고 나가도 출근시간 맞추기에 빠듯하다. 아침에는 이런저런 준비로 바빠 시간이 빠르게 흐르는 듯 느끼는 것 같지만, 사실 임상학적으로 보면 분명한 이유가 있다. 답은 체온에 있다. 사람은 체온이 올라가면 시간이 늦게 간다고 느끼고, 반대로 체온이 내려가면 시간이 빨리 간다고 느낀다고 한다. 즉 아침에 시간이 빨리 가는 것처럼 느껴지는 이유는 떨어져 있는 체온 때문이다. 반면 열이 펄펄 날 때는 시간이 느리게 흐르는 것 같다. 실제로 감기에 걸려 몸이 불덩이처럼 뜨거울 때는 물 한잔만 가져다달라는 부탁에도 식구들 발걸음이 어찌나 느린지 함흥차사인 듯 느껴진다.

항온동물인 인간에게 체온이 미치는 영향은 생각보다 크다. 수면 연구가들은 체온만 잘 재도 공부와 일의 효율이 언제 가장 높은지 알 수 있다고 한다. 체온이 올라갈 때 가장 머리가 맑아지는데, 보통 사람들은 저녁 7시경이 그때다. 반대로 체온이 내려가면 졸음이 나타난다. 고산에 올라가서 비를 맞으면 체온이 떨어져 저체온증이 나타나기 쉬운데, 이때 졸린 현상과 유사하다.

밤 9~11시쯤 되면 체온이 갑작스럽게 내려가기 시작하는데 이때부터 잠이 온다. 잠을 자는 중에도 체온은 계속 내려가다가 깨어나기 2시간 전쯤 최저에 도달한 후 다시 서서히 올라가면서 잠을 깨게 된다. 이불을 덮지 않고 자다가 새벽에 끌어다 덮게 되는 것도 이렇게 떨어진 체온과 연관이 있다.

체온이 내려가는 시점이 달라지면 잠이 오는 시점도 달라진다. 예를 들어 청소년은 피가 펄펄 끓어서인지 체온이 밤늦게까지 높아서 빨리 잠자리에 들지 못한다. 결국 밤늦게 잠들었다가 이른 아침 등 교시간에 맞춰 억지로 일어나 학교에 가니 수업시간에 조는 것은 당 연한 일이라고 할 수 있다. 이런 아이들의 생체리듬을 외면하고 마 치 출근시키듯 강제로 교실에 모아놓으니 태반이 졸려서 정신을 차 리지 못한다. 다행히도 요즘 초등학교를 비롯해서 중고등학교의 등 교시간을 늦추는 운동이 일어나고 있다. 등교시간을 1시간 늦추자 조는 아이가 크게 줄었다는 보고는 주목할 만하다. 이런 운동은 청 소년의 체온-수면리듬을 생각하면 아주 바람직한 것으로 학생들의 집중력 향상에 큰 도움이 될 것이다.

체온변화는 고령층의 수면시에도 나타난다. 나이가 들면서 수면 문제가 많이 발생하는데, 너무 일찍 잠자고 새벽에 깨는 것, 자다가 종종 잠을 깨는 것 등이 포함된다. 이런 현상도 체온이 빨리 떨어지 는 현상과 연관이 있다.

불면증이 있는 사람은 보통 사람보다 체온이 조금 더 높다. 한마 디로 화끈하다. 체온이 높아서 잠도 잘 오지 않고, 체온이 충분히 떨어지지 않아 깊은 수면이 나타나지 않는다. 이런 불면증 환자에게 냉각 모자를 씌워 머리의 열을 식혀주며 잠을 재웠더니 더 빨리 잠 들고 더 오래 잤다는 보고도 있다.[10] 잠이 오지 않을 때 술을 마시 면 쉽게 잘 수 있다는 사람도 있다. 하지만 이는 사실과 다르다. 술 을 마시면 알코올 때문에 빨리 잠드는 것처럼 느껴지지만, 사실은 올라간 체온 때문에 깊은 수면을 취하지 못하고 중도각성이 증가해 서 결과적으로 수면의 질이 떨어진다. 만성적으로 술을 마시는 사람의 체온은 낮에는 정상인보다 낮고 밤에는 정상인보다 높은 경향을 나타낸다.[11] 이렇게 체온이 충분히 내려가지 못하면 잠의 강약이 약해져 질 좋은 수면을 취할 수 없다.

그렇다면 체온을 어떻게 조절하면 잠을 푹 잘 수 있을까? 우리 몸은 잠잘 시간이 가까워지면 혈류속도가 높아지고 몸이 따뜻해지면서 땀이나 열을 방출하여 체온을 내리기 시작한다. 이런 현상은 특히 아기를 보면 쉽게 알 수 있는데, 아기는 졸리면 손이나 발이 따뜻해진다. 수면 초반 땀을 많이 흘리는 것도 체온을 더 낮춰서 수면을 더 깊이 취할 수 있게 하기 위해서라는 견해가 지배적이다. 활발하게 활동하다가 점심식사 후 잠깐 졸린 시간이 찾아오는데, 이때도 체온이 잠시 낮아지는 현상이 나타난다.

운동 또한 체온과 많은 관련이 있다. 운동을 하면 체온이 올라가는데, 잠자기 바로 직전 격렬한 운동을 해서 체온을 높이면 잠드는 데 방해가 된다. 그래서 잠자기 전에는 격렬한 운동 대신 긴장을 풀 수 있는 가벼운 운동이 좋다. 격렬한 운동은 늦은 오후(오후 4~5시)에 하면 운동으로 인해 올라갔던 체온이 저녁부터 서서히 내려가면서 잠을 더 잘 자게 도와준다.

마찬가지로 잠잘 시간 가까이에는 심부체온을 올리는 목욕보다는 미지근한 물로 피부체온만 살짝 올리는 편이 좋다. 심부체온은 올리지 않고 피부체온만 살짝 올리면 잠이 더 빨리 든다는 연구 결과도 있다.[12] 피부만 따뜻해질 정도로 피부체온을 올려주면 혈관이 확장돼 혈류 흐름이 좋아지고, 그에 따라 방출되는 열이 많아지면서 체온저하를 촉진해 더 빨리 잠들게 된다.

잠자기 전의 체온관리도 중요하지만 잠자는 동안의 체온관리도 중요하다. 앞에서도 말했듯 체온이 낮아지면서 잠이 오고, 또 체온이 충분히 내려가야 깊은 잠을 잘 수 있는데, 체온저하를 위해 수면중 나타나는 현상이 땀을 흘리는 것이다. 땀이 나면 그 땀이 증발

TIP

질 좋은 수면을 위한 체온관리법

1. 피부체온을 살짝 올려 체온이 떨어지는 격차를 크게 만들어라. 특히 잠들기까지 오랜 시간이 걸리는 사람의 경우 효과가 더 크다.

2. 주위환경을 시원하게 유지하라. 체내 열 발산이 용이해져 수면의 질이 좋아진다.

3. 체온을 올릴 수 있는 행동은 삼가라. 취침 전 격한 운동, 뜨거운 물에서 장시간 목욕하는 것, 술 마시기, 음식 먹기 등은 피한다.

4. 나체로 자는 것도 방법이다. 나체로 자면 몸이 쉽게 차가워지고 뇌가 도달하기 원하는 더 낮은 온도를 유지할 수 있다.

5. 침구의 도움을 받아라. 수면환경이 더울 때는 땀을 잘 흡수하고 통기성이 좋은 침구를, 수면환경이 추울 때는 우수한 보온성과 적당한 통기성이 있는 침구를 선택하면 좋다. 베개는 통기성이 좋고 시원한 것을 택하자. 그래야 수면중 체온이 올라가는 것을 방지한다.

하면서 주위의 열을 빼앗아가 체온이 떨어진다. 이 과정에서 침구의 역할이 중요하다. 이렇게 흘린 땀을 침구가 잘 흡수해야 땀 흘리는 과정이 원활해지고, 쾌적하게 잘 수 있다. 침구가 땀을 잘 흡수하지 못하면 땀이 피부에 남아서 불쾌한 느낌이 들 뿐만 아니라 땀의 기화현상이 원활하게 나타나지 못해 체온이 떨어지지 못한다. 의학의 아버지로 불리는 히포크라테스 역시 "약으로 고칠 수 없는 병은 수술로 치료하고, 수술로 안 되는 병은 열로 치료하며, 열로도 안 되는 병은 영원히 고칠 수 없다"라고 말했을 정도니, 체온이 우리 몸에 얼마나 큰 영향을 끼치는지 알 수 있다.

수면은 건강을 위해
가장 밑에 놓아야 할 주춧돌

2015년 8월, OECD에서 건강통계 2015 OECD Health Statistics 2015를 발표했다. 2013년에 태어난 사람들의 기대수명에 대한 조사 결과였는데, 우리나라는 평균 81.9세로, 여성의 경우 85세가 넘는 것으로 나타났다. 우리나라는 OECD 34개국 중 11위였고, 1위는 일본으로 83.4세까지 수명이 기대되는 것으로 조사됐다.[13]

이 정도면 꽤 높은 순위를 차지한 것으로 흔쾌히 기뻐할 만하지만, 어디까지나 물리적으로 나타난 수치일 뿐, 스스로 체감하는 건강에 대한 자신감은 수치와 확연히 다르다. 대부분의 OECD 국가

에서는 '스스로 건강하다고 느끼는가?'라는 질문에 60퍼센트 이상
이 건강하다고 대답한 반면, 우리나라 사람은 이에 절반 수준도 못
미치는 30퍼센트만이 건강하다고 생각한다고 답했다. 실제 주변을
둘러봐도 건강하게 오래 사는 일이 쉽지 않다는 사실을 잘 알 수 있
다. 기대수명과 건강수명은 완벽하게 다르다. 건강하지 않고 오래만
사는 것은 우리가 진정 원하는 바가 아니다.

  왜 이 같은 간극이 일어나는 것일까? 많은 복합적인 이유가 작
용하겠지만, 이 부분에서 수면이 차지하는 역할을 결코 간과해서는
안 된다. 기대수명과 건강수명이 거의 일치하는 유럽 국가들 경우에
는 선진적 수면문화를 가지고 있다. 잠을 부르는 나이트 밀크(멜라
토닌이 다량 포함된 우유)는 물론, 야간의 조명도 숙면을 고려해 간접
조명을 애용하며, 평균 수면시간도 세계 최장 시간을 자랑한다. 이
들이 건강을 자신하는 이유 중 하나가 바로 수면에 대한 자신감 덕
분이다.

  기대수명 1위를 차지한 일본도 우리와 크게 사정이 다르지 않은
데, 일본인 역시 스스로가 건강히 오래 살 수 있을 것이라 생각하지
않는다. 특히 아직도 잠을 자는 것이 아깝다고 생각하는 경향이 강
한 일본의 경우 수면장애를 비롯해 수면문제를 가진 사람이 많다.
일본도 수면문화는 여전히 뒤떨어져 있는 것이다. 그래도 그나마 다
행인 대목은 일본에서는 수면문제를 개선하기 위해 다방면으로 노
력하고 있다는 사실이다.

  일본은 일찌감치 평균수명과 건강수명의 차이에 주목하고 '단순

수명 연장'이라는 양의 게임에서 '건강수명 연장'이라는 질의 게임으로 옮겨가고 있다. 일본의 유명 침구회사이자 자체적으로 수면연구소를 가지고 있는 니시가와는 특히 평균수명과 건강수명 사이의 간극을 좁히기 위한 연구를 진행하고 있다. 일본의 경우 평균수명 중에서 약 9년을 병상에서 보낸다고 한다. 그렇다면 실제 거동이 가능하고 삶을 즐기는 건강수명은 70세 정도에 그친다고 봐야 할 것이다. 또 일본 정부는 건강문제에서 가장 중요한 요소 중 하나가 수면이라 판단하고 세계적인 수면연구기관 'IIIS(국제통합수면의과학연구기구)'와 공동연구를 실시하고 있다. 또한 경제산업성 위탁사업인 '건강수명 연장산업 창출 추진사업(2014)' 같은 국책사업을 통해 건강수명 연장에 총력을 기울이고 있다. 개인적인 문제로 치부되던 수면문제를 전문가가 컨설팅하고 개선할 수 있게 전문화해 모든 국민이 보다 건강하면서 오래 살 수 있도록 하겠다는 계획이다.

우리나라의 경우도 수명과 수면의 연관관계가 속속 드러나고 있다. 통계에 따르면 우리나라 베이비부머의 만성질환에서 증가율 1위는 바로 치매다. 그리고 절대수치에서 가장 큰 증가폭을 보인 것은 '뇌혈관계질환'이다.[14]

치매와 뇌혈관계질환에 가장 큰 영향을 미치는 인자 중 하나가 바로 수면이다. 미국 템플 대학에서 6개월 된 쥐(사람 나이로는 40세에 해당)를 두 그룹으로 나눠 수면실험을 진행했다. 한 그룹은 20시간씩 조명을 비춰 잠을 못 자게 했고, 또 한 그룹은 자연에서처럼

12시간은 조명을 주고 12시간은 어둡게 하여 잠을 잘 자게 했다. 그렇게 14개월쯤 지나 뇌 인지검사를 실시했더니 조명 때문에 잠을 잘 자지 못한 그룹의 쥐들에게서 알츠하이머병에 걸린 쥐와 유사한 뇌의 변화가 나타났다.[15]

미국 캘리포니아 퍼시픽 메디컬센터와 스웨덴 웁살라 대학 연구진의 연구 결과도 부족한 수면이 뇌 건강에 치명적인 악영향을 주고 있음을 보여준다. 연구진의 발표에 따르면 수면이 부족할 경우 뇌에서 독성 화학작용이 일어난다. 이 화학작용은 치매, 파킨슨병, 다발성경화증 등을 일으킨다고 알려져 있다. 이와 관련해 메디컬센터의 테리 블랙웰 박사는 "수면의 질을 살펴보면 앞으로 일어날 뇌 인지기능 저하 가능 여부를 알 수 있다"고 말한다. 뇌 인지기능 저하는 곧 치매로 연결되며, 다시 말해 오래 살아도 건강하지 못한, 우리가 가장 두려워하는 상태에 빠지게 되는 것이다.[16]

수면은 건강을 위해 가장 밑에 놓아야 할 주춧돌과 같다. 아침의 기상시간이 흐트러지면 하루가 흐트러지며, 밤에 문제가 생기면 필히 낮에 더 큰 문제로 증폭된다. 인생이라는 긴 마라톤을 건강하게 완주하기 위해서는 건강수명을 염두에 두어야 하며, 그러기 위해 당장 오늘밤부터 바꾸어야 한다.

'9988123(99세까지 88하게 살다가 1, 2일 앓고 3일째 죽는다)'이라는 농담이 유행한 적이 있다. '그렇게 되면 얼마나 좋아' 하고 웃어들 넘겼지만, 이것을 그저 하늘이 점지하는 복이라고 생각하면

안 된다. 좀더 노력해서 삶을 바꾸는 사람에게 주어지는 달콤한
과실이라고 생각해야 한다. 일본이 노력하듯 우리나라도 이제 건
강수명에 초점을 맞춰 다시금 접근할 때다.

당신이 잠든 사이에…… 무슨 일이 벌어질까

뇌는 '낮'보다
'밤'에 더 중요한 일을 한다

2014년 스위스와 일본의 뇌과학자들이 재미있는 실험을 했다. 인간의 뇌가 단 '1초' 안에 처리하는 정보를 컴퓨터는 얼마 만에 처리할 수 있는지 알아본 것이다. 연구자들은 지구상에서 네번째로 성능이 뛰어난 슈퍼컴퓨터와 인간의 뇌 사이에 정보처리능력 배틀을 붙였다. 과연 누가 이겼을까? 결과는 인간의 압도적인 승리였다. 인간이 1초 만에 할 수 있는 정보처리를 하는 데 컴퓨터는 무려 40분(2400초)이나 걸렸다.[17]

인간 뇌의 정보처리능력은 정말 놀랍다. 쉬지 않고 움직이며, 어떠한 목적을 설정하면 그 목적을 달성하기 위한 방법을 의식중이든 무의식중이든 쉴새없이 찾는다. '상상하면 이루어진다'는 자기계발서의 단골 메시지도 이런 면에서 보면 어느 정도 사실에 가깝다. 목표가 설정되면 수많은 자극 중 자신이 지정한 목표와 관계된 것에만 집중하여 인식하는 우리 뇌의 신비로움 때문에 가능한 것이다.

자기계발 이론의 원조이자 대가인 존 맥스웰 박사는 이 이론을 '유도탄 원리'라는 말로 설명했다. 일단 목표를 지각한 뇌는 그것에 걸맞은 정보만을 집착하면서 찾는다. 뇌과학에서는 이를 '확증 편향성'이라고 부른다. 우리 뇌는 밤에도 쉬지 않고 정보처리를 하며 답을 찾거나 기억을 정리한다. 어쩌면 낮보다 더 중요한 일을 하는 지도 모른다. 밤에는 낮에 입력된 정보를 정리하면서 동시에 목표를 위한 단서를 끊임없이 찾는다.

수면 세상에는 아이돌이란 없다

남자 아이돌 그룹 엠블랙의 리더 승호가 자신의 트위터에 남다른 수면 사진을 올려 화제를 모았다. 사진 속 엠블랙 멤버들은 원을 이루어 앉아 있었고, 서로가 서로를 기둥 삼아 기대어 잠을 자고 있었다. 사진 밑에는 '믿음, 의리, 우정, 지탱 This is MBLAQ'이라고 적혀 있었다. 승호는 자신들이 낮뿐 아니라 밤까지도 팀을 위해 하나가 되기 위해 노력하며, 쪽잠을 자면서 치열하게 연습하고 있음을 보여 주고 싶었던 것 같다.

아이돌 가수들은 낮에는 공연과 방송 출연으로 바쁘고, 밤에는 그날 방송과 무대를 모니터링한 후 다음 무대를 위해 연습에 매진

한다. 합숙소에서 잠도 같이 자면서 모든 사이클을 오로지 팀의 성공이라는 목표에 맞춰놓고 쉼 없이 달린다. 큐브엔터테인먼트의 홍승성 대표는 아이돌의 미래 가능성을 점치며 이렇게 말했다.

"이제 우리나라 아이돌도 미국의 팝스타처럼 전용기 타고 세계를 누빌 날이 머지않았다. 케이팝 한류는 연습생 신화라고 불리는 청소년들의 치열한 노력 속에서 꽃을 피웠다. 비는 하루에 2, 3시간밖에 자지 않았다. 노력과 열정이 엄청났다. 오늘날 비는 그런 근성으로 만들어진 것이다."[18]

한류를 선망하는 일본인도 우리나라 아이돌의 연습생 정신에 대해서 감탄을 금치 못한다. 수년 동안 하나의 목표를 위해 잠까지 줄여가며 뛰는 그들의 정신은 어떤 장인정신보다 위대하며 그들을 본받아야 한다고까지 이야기한다. 학업은 물론, 무대에 서기 위해 연습도 하는 아이돌에게 잠과의 전쟁은 반드시 승리해야 하는 괴롭고 어려운 싸움이다. 그들은 이 전쟁에서 이겨야만 꿈을 이룰 수 있다고 믿는다.

하지만 수면학자들이 보기에 그들의 모습은 매우 위험하게 느껴진다. 일단 수면을 줄이는 것은 한때이며 한계가 있다. 아직 어리고 패기가 있기에 일정 기간은 가능하지만, 결국 수면은 줄여야 하는 대상이 아니라 관리되어야 하는 영역이다. 청소년 시절 친구와 어울려 노느라, 드라마와 영화를 보느라 잠을 줄여본 경험은 누구에게나 있을 것이다. 하지만 정말 한때만 가능한 것이지 절대 오랜 시간 그렇게 하지 못한다.

청소년기는 체력이나 생리활동이 왕성해 버틸 수 있다고 믿고, 실제 그런 부분이 어느 정도 있기는 하다. 문제는 집중력의 영역에서 생긴다. 청소년기의 체력으로 버텨나갈 수는 있지만 집중력까지 잡을 수는 없다. 집중력은 같은 시간, 같은 일을 하고도 그 결과물에 차이가 나는 것을 의미한다. 전문가들이 말하는 집중력을 구성하는 요소는 다음과 같다.

1. **순간주의력**: 해당 상황이나 해당 과제의 호불호를 따지지 않고 주어진 상황, 순간 과제에 집중하는 능력.
2. **주의유지력**: 주어진 과제에 몰입한 후 딴생각 없이 계속 유지할 수 있는 능력.
3. **주의배분능력**: 과제 해결에 필요한 요소별로 적절히 주의를 분산하는 능력.
4. **집중선택능력**: 집중이 필요한 것과 아닌 것을 선택하는 능력.
5. **집중이동능력**: 한 가지에 집중하다가 또다른 것으로 집중 대상을 옮기는 능력.

이 같은 집중 요소가 모여 한 사람의 집중력을 결정한다. 그런데 여기서 중요한 사실은, 만약 이 집중이 외부에서 강요된 경우라면 집중의 장점을 발휘할 수 없다는 것이다. 불안 요소가 발생해 장기적으로는 집중력이 떨어지는 결과를 초래한다. 집중력은 절대 외부에서 강요할 수 없는 것이며, 본인에게 충분한 동기가 있고 분명한 목표의식이 있어야만 발휘될 수 있다.

영국에 간 지 얼마 되지 않은 한국 엄마가 아들의 영국 친구 집에 초대받아서 갔다가 놀라운 경험을 했다. 아이들은 저희들끼리 놀게 하고 아이의 엄마와 이런저런 대화를 나누고 있었는데, 오후 5시쯤 되자 영국 엄마가 대뜸 이렇게 말했다.

"이제 아이가 자야 하니 돌아가주시겠습니까?"

당황한 한국 엄마는 뭐라 대답해야 할지 몰라 아이가 몇시에 자느냐고 물었고, 영국 엄마는 너무나 당연하다는 듯 "저녁 6시 30분에 자서 아침 6시에 일어나죠"라고 대답했다. 아이가 잠을 자야 한다고 친구에게 그만 가달라고 하는 것도 그렇고, 그토록 일찍 잠자리에 든다는 것도 이해되지 않았던 한국 엄마는 혹시 영국 엄마가 자신을 돌려보내기 위한 핑계를 댄 것이 아닌지 의심스러웠다. 그래서 다음날 학교에 가 학부모들에게 일일이 아이들의 취침시간을 물어봤다. 그랬더니 대부분의 영국 아이들은 정말로 그 시간에 잔다는 것이었다. 충격을 받은 사람은 한국 엄마만이 아니었다. 영국 엄마들은 한국 아이들이 빨라야 밤 9시나 10시에 자고 수면시간이 10시간도 되지 않는다는 사실을 알고 놀라움을 금치 못했다.

한때는 엉덩이를 오래 붙이고 앉아 있는 것이 좋은 결과를 담보해준다는 믿음이 있었고, 실제로 어느 정도는 그랬다. 그래서 무턱대고 잠자는 시간을 줄였고, 그렇게 확보한 시간 동안 한 글자라도 더 보려 했고, 한 번이라도 더 연습하려 했다. 하지만 정보가 평준

화되고 모든 사람에게 접근성이 용이해진 지금은 기획력과 참신한 발상이 더 중요해졌다. 엉덩이의 힘이 아닌, 머리의 힘이 더욱 절실해진 것이다. 짧은 시간 안에 좀더 효율적인 결과를 만들어내는 힘, 즉 집중력이 더욱 중요해졌고, 그것을 키우는 수면은 말할 나위 없이 중요한 요소다.

하루 24시간은 누구에게나 똑같이 주어진다. 그 안에서 집중력을 키우고 수면시간을 확보하는 것, 이 두 요소의 아슬아슬한 경계를 잘 넘나들며 시너지를 내는 사람이 결국 성공할 것이다.

모두 잠든 새벽, 기억의 성이 완성된다

천재의 아이콘, 아인슈타인. 그는 누구보다 잠을 많이 잔 것으로 유명하다. 하루 10시간 수면을 취했으며, 잠자리에 들 때면 방문을 잠그며 절대로 방해하지 말라고 경고했다고 한다. 그렇게 푹 자면서 평생 그가 남긴 연구 업적은 놀랍기만 하다. 그는 50년간 총 248건의 논문을 발표했다. 1년에 평균 5건의 논문을 발표한 셈이다. 아인슈타인은 『타임』이 선정한 '20세기의 인물' 1위로 꼽히기도 했는데, 지난 100년간 인류가 이루어낸 숱한 업적을 생각해보면 쟁쟁한 경쟁자가 얼마나 많았을지 쉽게 짐작이 간다. 그런데도 그중에서 단한 명으로 꼽힌 것을 보면, 아인슈타인은 최고의 두뇌를 토대로 최고의 창의성을 발현한 인물이라고 할 수 있다.

그토록 많은 연구를 남긴 아인슈타인이 살면서 가장 중요하게 여긴 일이 바로 '수면'이라는 사실은 확실히 주목할 필요가 있다. 그는 대표적인 장시간 수면형이었다. 아인슈타인의 10시간 수면은 평균 수면시간인 8시간보다 2시간이 많다. 수면패턴 그래프로 생각해볼 때 후반으로 갈수록 길어지는 렘수면에 많은 투자를 한 셈이다. 기존의 물리학과 전혀 다른 시각을 가지고 특수상대성이론과 일반상대성이론을 설파했던 그에게 꿈은 경계 없는 상상의 캔버스 같은 역할을 했던 것이 아닐까? 그도 그럴 것이 아인슈타인의 이론은 순전히 그의 머릿속에서 상상의 실험을 통해 만들어진 것이다. 기존의 관습과 상식을 끊임없이 의심하고 새로운 시각을 창조하고자 한 노력의 산물이었다. 그의 긴 렘수면시간이 뇌의 활력을 최대한 끌어내어 놀라운 연구 결과를 만들어냈다고 할 수 있다.

수면은 기억과 밀접한 관계가 있다. 수면은 뇌를 쉬게 하고 기억을 저장하는 활동이다. 따라서 수면이 부족하면 뇌의 피로가 풀리지 않아 기억력이 둔화되며, 중요한 사항을 기억하지 못하는 경우가 많아진다. 인간의 뇌는 다른 동물에 비해 매우 커서 그 무게가 체중의 5퍼센트이고, 기초대사는 몸 전체의 20퍼센트에 이른다. 즉 인간의 뇌는 용량도 크고 많은 에너지를 소비하기 때문에 쉬는 시간이 필요하며, 이러한 활동이 논렘수면단계에서 이루어진다.

기본적인 수면시간인 7시간 30분을 잔다고 해보자. 논렘수면과 렘수면이 한 세트로 5회 반복된다. 먼저 논렘수면 때는 '싫은 기억'

을 삭제하고, 얕은 논렘수면 때는 '수순기억'을 저장한다. 수순기억이란 자전거 타는 법, 글씨 쓰는 법 등 몸으로 익힌 것을 말한다. 또한 얕은 논렘수면은 기억을 결합하는 기능이 있다. 다양한 기억을 상호 연관시키는 것이다. 이 단계에서는 흩어져 있던 기억이 재결합된다. 즉 답을 찾지 못해 고민하던 하나의 주제에 그동안 알고 있던 기억이 하나둘 연결되면서 문제를 풀 수 있게 되는 것이다.

렘수면단계, 즉 꿈을 꾸고 있을 때는 기억을 정리, 정착시킨다. 렘수면중에는 '편도체'라는 뇌의 기관이 활성화되어 낮에 축적된 정보를 판단한다. 편도체는 중요하다고 판단한 지식은 해마에 '중요한 것'으로 선택, 분류해둔다. 그리고 적당한 시기가 되면 측두엽 등에 장기기억으로 저장한다. 단기기억에서 장기기억으로 변환하는 것도 수면중에 일어나는 일이다(예전에는 꿈을 꾸는 렘수면상태에서만 기억을 정리, 정착하는 것으로 보았으나, 최근 들어 뇌가 쉬고 있는 논렘수면상태에서도 기억을 정리하는 것으로 본다. 자고 있을 때면 사실상 계속 기억을 정리, 정착하는 작업이 일어난다는 얘기다).

이렇게 기억의 저장과 정리, 정착의 과정이 수면을 통해 완성되기 때문에 벼락치기나 밤샘을 계속하는 사람은 기억의 저장능력이 떨어질 수밖에 없다. 충분히 수면을 취하지 못하면 공부를 해도 제대로 기억하지 못하는 것이다. 학창 시절 벼락치기로 공부한 것이 당장의 시험에서는 유용했지만 3, 4일만 지나도 전혀 기억나지 않은 이유도 여기에 있다.

기억이 특히 중요한 이들을 생각해보면 먼저 수험생이 떠오른다.

수험생을 생각하면 머리띠를 두르고 졸린 눈을 비벼가며 밤늦게까지 공부하는 이미지가 바로 연상된다. 언뜻 공부를 열심히 하는 것 같지만, 수면과학 측면에서 보면 매우 비효율적인 공부방법이다. 물론 외국어 공부나 자격증을 준비하는 직장인이라면 시간이 없어 늦은 시간까지 공부할 수밖에 없을 테니 이해되는 면도 있다. 하지만 결국은 충분한 수면시간을 확보하는 것이 장기기억을 유지하는 데 큰 도움이 된다.

잊지 말아야 할 것은, 수면을 취하지 않으면 뇌에 기억을 정착할 수 없다는 사실이다. 잠을 자지 않고 공부하면 렘수면에 의한 기억의 정리시간이 줄어들 뿐이다. 기억은 수면중에 정리되고 저장(정착)되기에 중요한 시험에서 좋은 성적을 내고 싶다면 공부할 때 집중해서 빨리 끝내고 충분한 수면을 취해야 한다. 세계적인 뇌과학자들의 실험 결과에 따르면 하루 6, 7시간 정도는 수면을 취해야 기억이 정착된다. 특히 6, 7시간의 연속된 수면을 취하는 것이 중요하다. 2시간 자고 일어나 다시 3시간 자는 분단수면은 기억 정착이 일어나기 어렵다. 기억 정착은 수면 후반부에 진행되기 때문이다.

아무리 훌륭한 명의도
당신 대신 자줄 수는 없다

비행기를 타면 이륙 전 위급시 행동요령 방송을 듣게 된다. 흔히들 그냥 지나치는데 주의깊게 그 안내 방송을 들어보면 재미난 사실을 발견할 수 있다.

"위급상황이 발생하면 머리 위에 있는 산소마스크가 자동으로 내려옵니다. 아이를 동반한 부모께서는 반드시 자신이 먼저 산소마스크를 착용하신 후 아이에게 산소마스크를 씌워주시기 바랍니다."

위급상황이 발생하면 '반드시 부모가 먼저' 산소마스크를 착용하고 그뒤 아이에게 마스크를 씌워주라는 것이다. 이상하지 않은가? 보통 노약자를 배려하는 것이 상식이니, 행동이 서툰 아이에게 먼저 산소마스크를 씌워주고 그다음에 어른이 써야 하는 것 아닌가.

여기에는 명백한 이유가 있다. 항공 사고의 역사를 보면 아이를 동반한 부모가 본능적으로 아이를 먼저 챙기다가 자신이 위급해져 결국 부모도 아이도 희생되는 경우가 자주 있었다. 그래서 항공사는 의식적으로 부모가 먼저 산소마스크를 쓰라고 안내한다. 부모가 정신을 차려야 아이가 살 수 있으니, 당신부터 산소마스크를 착용하고 난 다음 아이를 챙기라는 것이다. 그래야 아이가 살 확률도 훨씬 높아진다.

건강을 챙기는 일도 마찬가지다. 아무도 내 몸을 챙겨주지 않고, 아무도 내 수면을 대신해서 해줄 수 없다. 아무리 자식이 중요하고, 아무리 부모가 먼저여도 내가 건강하지 않으면 그들을 챙길 수 없다. 그래서 건강문제에서는 절대적으로 나를 중심으로 생각할 필요가 있다. 때로는 이기적으로 자신의 건강부터 관리해야 한다.

9년 연속 미국 최고의 명의로 선정된 의사들이 우리 몸에 대해 알려주는 세계적인 베스트셀러 『내 몸 사용설명서』에는 이런 말이 있다.

"의사가 건강을 위해서 조깅을 하려는 당신의 얼굴에 자외선차단제를 발라주지 않는다. 의사가 점심을 배부르게 먹고 나서도 기름이 잔뜩 들어간 튀김을 집어드는 당신의 손에서 그것을 뺏어주지 않는다. 제아무리 훌륭한 명의라도 당신 곁에서 24시간 일거수일투족을 보아주지 않는다. 당신을 지키는 것은 당신뿐이다."

밤을 새워 일하고, 정신줄을 놓을 때까지 술을 마시는 것은 나를 위해서는 절대 하지 말아야 할 일이다. 회사를 위해 일하는 것이라는 생각은 지금 시대에 맞지 않는다. 명철한 정신으로 조직을 위해 해야 할 것과 하지 않아야 할 것을 정하고, 지금 보이지 않는 것을 보는 것이 오늘날의 비즈니스맨이 할 일이다. 그러기 위해서 챙겨야 할 것이 바로 나의 잠이다.

커피, 술, 할 거 다 하고도 잘 자고 싶다면

잠을 방해하는 대표적인 약물이 카페인이라는 것은 상식이지만 주위를 살펴보면 많은 사람들이 그와 같은 사실을 크게 괘념치 않는 듯하다. 사무실에서만 봐도 출근할 때부터 퇴근할 때까지 커피잔을 내려놓지 않는 사람이 수두룩하고, 저녁식사 뒤에도 커피숍에 들어가 아메리카노 한잔을 마시는 경우가 다반사다. 카페인은 우리 삶 속에 너무나 깊숙이 들어와 있어 이제 카페인 섭취는 지극히 자연스러운 일이 되었다.

아직까지 카페인에 대한 의학적 판단은 설왕설래하지만, 몸에 해로운 부분이 있다는 것은 사실이다. 특히 숙면을 위해서는 반드시 피해야 하는 대표적인 수면방해 요소 중 하나가 카페인이다. 하지만 몸에 안 좋고 잠에 방해된다고 해서 무조건 먹지 말아야 한다는 뜻은 아니다. 먹고 싶은 것을 억지로 참으려다보면 오히려 스트레스 때문에 다른 문제가 발생할 수도 있다. 그러니 가장 현실적인 대안은 부작용을 최대한 관리하는 방법을 찾아내는 것이다. 수면에 영향을 미치는 요소들을 알아보고, 어떻게 관리하는 것이 가장 현명한지 살펴보자.

1. 커피(**카페인**) : 커피에 들어 있는 카페인 성분은 우리 몸에 각성작용을 일으키며, 이러한 각성작용은 잠드는 것을 방해하는 주원인이다. 적당량의 카페인은 신체의 피로회복, 이뇨작용을 통한 노폐물 제거, 정신을 맑게 해주는 각성작용 등 긍정적인 도움을 주는 것으로 알려져 있으나 과도하게 섭취하면 불안, 메스꺼움, 구토, 신경과민, 가슴두근거림증, 불면증, 근육경련 등 부작용이 일어날 수 있으니 카페인 총 섭취량을 체크하는 등 주의가 필요하다.

일반적으로 카페인이 분해되기까지 걸리는 시간은 4~6시간 정

식품	용량	카페인 함유량
원두커피(아메리카노) 1잔	300ml	126mg(1일 3잔 이하)
커피 1캔	175ml	74mg
커피믹스 1봉지	12g	69mg
커피우유 1개	200ml	47mg(아이의 경우 1일 1개)
커피맛 빙과 1개	150ml	29mg
콜라 1캔	250ml	23mg
초콜릿 1개	30g	16mg
녹차 1잔	티백 1개	15mg

[식품별 카페인 함유량]

도이므로 잠자리에 눕기 대략 5시간 전부터는 커피를 마시지 않는 것이 좋다. 커피 애호가라거나 상황에 따라 저녁시간에 커피를 마실 경우에는 디카페인 커피를 추천한다. 단, 개인에 따라 카페인 민감도가 다르니 카페인에 대한 자신의 반응 정도를 고려한 후 주의해서 섭취하는 편이 좋다.

우리가 흔히 즐겨 먹는 녹차, 콜라, 초콜릿 등에도 카페인이 함유되어 있으므로 앞의 표를 참조하여 과다 카페인 섭취로 인한 수면장애를 예방하도록 하자. 우리나라 사람의 카페인 1일 섭취 기준은 성인의 경우 400밀리그램 이하, 임신부는 300밀리그램 이하, 어린이는 킬로그램당 2.5밀리그램 이하다.

마지막으로 한 가지 더 주의할 점이 있다. 카페인 이야기를 하면 '나는 저녁에 마셔도 잠만 잘 오던데'라고 말하는 사람이 있다. 이 경우 특히 조심해야 한다. 카페인을 먹어도 잠이 올 만큼 수면부족상태라는 신호와 같기 때문이다. 이런 사람은 카페인을 줄이고 밤생활도 가급적 자제하면서 며칠 정도는 수면을 푹 취하는 것이 장기적인 건강을 위해 꼭 필요하다.

2. 술(알코올): 코알라는 볼 때마다 잠을 잔다. 코알라는 20시간 이상 잠을 자는 것으로 알려져 있다. 고작 4시간 깨어 있다가 계속 자는 것이다. 이유는 코알라가 먹는 유칼립투스 잎 때문이다. 그 잎에 알코올 성분이 다량 함유되어 있어 코알라는 늘 약간 취해 있는 상태라고 한다. 그래서 충분히 수면을 취하지 못

술	알코올 도수	용량	알코올 분해시간
소주 1잔	19퍼센트	50ml	34.3분
맥주 1잔	4.5퍼센트	200ml	32.5분
막걸리 1잔	6퍼센트	150ml	32.5분
와인 1잔	13퍼센트	100ml	47분
양주 1잔	45퍼센트	50ml	81.3분

[술 종류에 따른 알코올 분해시간][19]

한 코알라는 늘 심각한 스트레스에 시달린다. 사람 역시 마찬가지다. 알코올을 섭취하더라도 수면을 생각하면서 적당히 조절해야 한다.

알코올이 잠드는 데까지 걸리는 시간을 단축하는 효과를 지닌 것은 사실이다. 하지만 수면 후반부로 갈수록 알코올이 분해되어 없어지는 과정에서 수면분절현상을 발생시키는 등 결과적으로는 숙면을 방해하는 역할을 한다. 알코올 분해 과정에서 일어나는 두통, 이뇨작용 등으로 고생해본 기억을 떠올려보면 쉽게 알 수 있다.

필요한 술자리가 있다면 술 종류에 따른 알코올 함량을 제대로 알고 임하는 것이 좋겠다. 위의 표에는 1잔 기준으로 되어 있지만 실제 술을 1잔만 마시는 경우는 드무니, 1잔 이상을 마신다고 가정했을 때의 알코올 분해시간을 염두에 두는 것이 좋다.

3. 담배(**니코틴**): 담배의 니코틴 성분은 인체에 아주 강력한 각성효과를 일으킨다. 그뿐 아니라 인체에 흡수되는 속도도 매우 빨라 보통 한 모금 흡입하면 10초 이내에 폐에서 뇌까지 전달된다고 알려져 있다. 그렇게 뇌를 자극한 각성효과가 풀리기까지는 2시간 정도 걸린다고 한다.

이처럼 담배는 각성효과를 가지고 있기 때문에 담배를 피운 후 바로 자려고 하면 잠이 잘 오지 않는다. 뇌의 각성 및 흥분효과로 인해 잠들기까지 시간이 오래 걸릴 뿐 아니라 수면의 질에도 악영향을 미친다. 따라서 잠들기 최소 2시간 전부터는 흡연을 하지 않는 것이 바람직하다.

4. 스마트폰, 태블릿PC: 촛불 하나의 밝기도 뇌가 인지하여 수면에 영향을 준다. 그러니 눈앞에서 바로 보는 스마트폰이 숙면에 악영향을 주는 것은 당연지사. 그런데 전국 20대 남녀 918명을 대상으로 한 연구에 따르면, 20대는 하루 평균 3시간 44분간 스마트폰을 사용하는데, 가장 집중해서 사용하는 시간대가 잠들기 전(26.5퍼센트)인 밤 12시에서 새벽 1시까지로 나타났다.[20] 심각한 문제가 아닐 수 없다.

야간의 스마트폰 사용이 수면에 끼치는 악영향은 크게 두 가지로 생각해볼 수 있다.

첫번째는 스마트폰 사용의 내용이다. 보통 자기 전에 채팅, 인터넷 서핑, 동영상 시청을 하는데, 이러한 행동은 자칫 흥분이나 각성도를 높여 잠드는 것을 어렵게 만든다.

두번째는 스마트폰의 화면에서 나오는 빛, 즉 '블루라이트'와 관련 있다. 블루라이트는 파란색 계열 파장대(380~500나노미터)의 빛으로 스마트폰, 태블릿PC 등의 화면에서 나와 눈에 직접적인 자극을 준다. 눈이 블루라이트에 노출되면 수면에 관여하는 호르몬인 멜라토닌 분비를 억제해 잠들기 힘들어진다. 심지어 블루라이트는 파장이 길어 망막세포에까지 손상을 주니 수면 전이 아니라도 주의해야 한다.

스마트폰은 가급적 잠들기 2시간 전까지만 사용하고, 꼭 사용해야 한다면 밝기를 낮추는 편이 좋다. 블루라이트 차단 필름이나 앱, 안경 등을 사용하는 것도 방법이다. 많은 제품이 있으니 사용 전에 꼼꼼하게 성능을 알아보자.

걱정 스톱, 잡념이 밤을 망친다

1회 월드베이스볼클래식WBC에 참가했던 투수 봉중근은 인터뷰에서 '태극기 징크스'에 대해 이야기했다. 우리 팀이 승리하면 마운드에 태극기를 꽂았는데 그 세리머니만 하면 다음에 꼭 일본에게 졌다는 것이다. 문제는 승부에 애국심이든 경쟁심이든 딴마음이 끼어들어간 데 있었다고 할 수 있다. 그 때문에 정작 승부 자체에 집중하기 어려웠던 것이다.

세계적인 컴퓨터기업 델의 창업주 마이클 델은 아무리 큰 성취가 있어도 "나노 초만큼 기뻐하고 다시 전진하라"라는 말로 승부에만 집중할 것을 독려했다.

주먹 하나로 우리나라 경제를 일으킨 현대그룹 창업주 정주영 역시 "나는 사업을 시작할 때 80퍼센트는 반드시 된다는 생각을 하고, 20퍼센트는 되게 하겠다는 생각으로 채운다. 안 될지도 모른다는 생각은 단 1퍼센트도 끼워넣지 않는다"라고 말했다. 무슨 일을 하든 최고의 집중으로 모든 것을 걸고 매달리며, 실패하면 어쩌나 하는 잡념은 완전히 배제하라는 조언이다.

잠도 마찬가지다. 수많은 잡념이 본질을 잊게 만들어 수면장애에 시달리게 한다. 분명 자려고 누운 건데, 자야겠다는 생각 대신 다른 생각을 하는 데서 문제가 발생한다. 영국의 한 단체가 성인 2000여 명을 대상으로 한 조사에 따르면, 성인의 15퍼센트 정도는 밤늦게까지 재정적 어려움 때문에 괴로워하며 잠을 자지 못했다. 각종 청구서와 빚 등에 대한 걱정이었다. 이런 걱정으로 인해 수면문제가 발생했다는 사람들의 61퍼센트는 집중력에 문제가 있고, 29퍼센트는 동료나 배우자와 관계가 좋지 않다고 답했다.

재정문제뿐만 아니라 업무와 관련한 걱정거리도 수면에 영향을 준다. 내일 아주 중요한 회의가 있는데 자료를 제대로 준비하지 못해서 염려하거나 밤늦게까지 업무와 관련된 이메일, 문자 메시지를 주고받으면 몸은 계속 긴장상태를 유지하게 된다. 이런 긴장상태는 뇌를 각성시키고 잠을 방해한다. 특히 컴퓨터를 이용한 업무 연락이나 작업은 모니터에서 나오는 블루라이트로 인해 뇌가 아직 낮이라고 착각하게 만든다. 머릿속은 내일 회의에 대한 생각으로 가득차 있고, 모니터에서 나오는 빛은 뇌가 낮이라고 착각하게 만들었으니 눈을 감아도 잠이 오지 않는 것은 당연한 결과다.

이는 학생도 마찬가지다. 특히 시험 걱정 때문에 잠을 못 자는 경우가 많다. 아일랜드의 한 조사에 따르면 시험 때문에 수면에 문제가 있었다고 답한 학생은 남학생의 경우 22.3퍼센트, 여학생의 경우 37.1퍼센트나 됐다.[21] 수면손실로 인한 결과는 집중력 저하와 기억력 감소, 피로, 졸음 등 다양하게 나타나는데, 이런 상황에서 좋은 성적을 기대하기는 당연히 어려워진다.

재미있는 사실은 잠자기 전에 갖가지 생각을 하는 경우는 남성보다 여성에게서 더 많이 나타났다는 것이다. 아일랜드 학생을 대상으로 한 조사에서도 여학생은 남학생보다 스트레스나 긴장, 압박감을 15퍼센트 정도 더 많이 받는 것으로 나타났다. 성인 여성의 경우 직장, 가정, 육아 등의 문제로 곧바로 잠들지 못하고 뒤척인다고 한다.

영국 케임브리지 대학의 한 연구에 따르면 여성은 남성보다 잠자리에서 보내는 시간이 더 길지만 실제로 잠을 잔 시간은 남성보다 평균 11분 적은 것으로 나타났다.[22] 반면 남성은 하루 일과를 쉽게 마무리하려는 경향이 강하고, 집안일 같은 '사소한' 일에는 거의 신경쓰지 않아 이런 일로 잠에 방해받지 않았다. 삶에 대한 태도도 잠에 영향을 준다니 참 흥미롭다.

어찌되었든 많은 사람이 이처럼 다양한 고민과 생각거리를 끌어안은 채 제대로 잠을 이루지 못하는데, 이를 해결할 방법은 없을까?

우선 생각과 고민을 구체화해보자. 잠자기 전 나를 괴롭히는 생각이나 고민이 있으면 그것을 글자로 써보기를 권한다. 내일 할 일이나 현재의 걱정거리뿐 아니라 아주 사소한 것이라도 메모해두면, 생각도 정리되고 한번 더 상기하면서 안심이 되어 보다 편안하게 잠을 잘 수 있다. 내일 아침에 일어나자마자 해야 할 일을 써놓는다든지 책상 위에 읽을 책을 펴놓는다든지 가방을 챙겨놓는다든지 하는 것도 도움이 된다. 뇌가 아침에 일어나자마자 바로 그 일에 돌입할 준비를 해두기 때문에 자연스레 걱정이 사라진다.

잠자기 전의 준비도 중요하지만 잠자는 도중 일어나는 일에 대한 대처도 필요하다. 억지로 잠을 청했더라도 중간에 깨는 경우가 있다. 보통 깨어나면 20~30분이 지나야 겨우 다시 잠들 수 있다. 만약 침대에 누워 긴장을 풀고 긍정적인 생각을 할 수 있다면 그대로 누워 있어도 괜찮다. 하지만 바로 잠이 오지 않는다면 억지로 잠을 청하기보다는 침대를 박차고 나와 조용히 다른 일을 해보는 것도 좋다. 예를 들면 조용한 음악을 듣거나 기분이 가라앉을 수 있는 상상을 하거나 책을 보는 것이다. 다만, 조명은 너무 밝지 않게 하고 모니터를 통한 독서는 피해야 한다. 또 뭔가 재미있거나 창의적인 것이 생각나더라도 이를 크게 발전시키기보다는 그저 편안히 잘 수 있는 데 집중하는 편이 좋다.

혹시 잠이 빨리 오지 않거나 중간에 깨서 다시 잠들지 못하는 것을 자주 경험한 사람은 또다시 불면을 경험할지 모른다는 생각에 스트레스를 받을 수 있다. 걱정은 걱정을 낳고 또다른 수면방해 요인이 될 수 있으니 수면환경을 변화시키거나 낮 동안 많이 움직여 규칙적이고 자연스러운 취침-기상리듬을 가질 수 있도록 노력해보자. '잠을 더 자야 하는데……' '계속 잠을 못 자면 어떡하지……' 하는 걱정을 하면 잠에 대해 강박이 생겨나고, 오히려 잠이 더 잘 오지 않는다. '잠이 안 오면 안 자면 되지' 하고 편안하게 생각하는 것이 좋다. 하루 못 잔다고 큰일나지 않으니 말이다. 우리 몸은 신기하게도 회복기제를 갖추고 있다. 몸을 믿고 맡기면 건강이 치명적으로 상하지 않게끔 잠을 자게 할 테니 마음을 편하게 먹자.

나이에 따라 몸의 상태가 다르고 필요한 영양소가 다르듯, 잠도 필요한 수면시간이 다르고 수면의 역할도 다르다. 예를 들어 갓 태어난 아기는 장시간 잠들지 못하고, 밤낮 구분 없이 짧은 수면과 각성을 반복한다. 이 것은 생체시계의 움직임이 아직 불완전해서 하루를 단위로 하는 수면과 각성주기를 생성할 수 없기 때문이다. 이후 점차 생체시계가 형성되기 시 작하여 1세 무렵부터 1, 2회 낮잠과 긴 밤잠을 취할 수 있고, 초등학생이 되면 낮잠도 없어진다. 그렇게 성인이 되면 7, 8시간을 자다가 나이가 들 면 밤낮의 구별이 줄어든다. 이렇게 수면과 각성의 리듬은 나이에 따라 변화하는 것이다.

연령별 수면을 보면 사람의 일생이 보인다. 하지만 딱 어떤 시기의 수면 이 좋다고 가치판단을 할 수 있는 문제는 아니다. 신체의 상황과 환경에 따라 본인에게 맞는 수면으로 몸이 선택하는 것이므로 수면의 특성을 알 고 라이프사이클을 그것에 맞추면 된다.

• 신생아와 영아(1~3세)의 적정 수면시간: 12~14시간

신생아는 약 18시간 동안 잔다. 시계에 비유하자면 '아직 맞지 않는 시 계'로 이 시기에는 밤낮의 구별 없이 자는데, 이를 '울트라디언 리듬'이 라고 일컫는다. 이후 자는 시간이 뒤바뀌는 '프리 런'을 거쳐 생후 3, 4 개월경이 되면 하루 24시간의 순환주기에 맞추는 성인형의 '생체시계(서

케이디언 리듬)'가 완성된다.

　이 무렵이 되면 자신의 몸에서 멜라토닌을 만들 수 있다. 신생아의 수면시간은 18시간에서 출발해 1세부터 3세까지는 12~14시간 정도 자면 적당하다. 아이의 수면은 성인의 수면과 패턴이 다르기 때문에 부모가 이를 제대로 알고 아이의 수면리듬을 확보해주는 것이 무엇보다 중요하다. 아이에게 나타나는 수면패턴은 다음의 세 가지다.

　첫째, 깊은 잠. 논렘수면으로 몸도 마음(뇌)도 '깊이 잠든 상태'다. 어느 정도의 소리에도 일어나지 않기 때문에 집안일을 하거나 음악을 듣는 등 엄마가 조금은 편하게 시간을 보낼 수 있다.

　둘째, 얕은 잠. 렘수면으로 마음(뇌)이 활동하기 시작하는 '얕은 잠 상태'다. 눈을 감고 있어도 손발을 살짝살짝 움직이고, 가끔 소리에도 반응한다. 입을 우물우물하지만 배가 고픈 것은 아니다. 꿈을 꾸기도 한다.

　셋째, 겉잠. 본격적으로 잠자리에 들기 전, 일어나기 전의 '어리마리 잠 상태'다. 눈은 감기도 하지만 절반 정도 뜬 경우도 있다. 빙그레 웃기도 하지만 아직 정신적으로 발달하지 않아 성인의 웃음과는 다르다.

• 유아(2~6세)의 적정 수면시간: 10~13시간

유아기의 아이에게 흔히 있는 오줌싸개는 사실 정상적인 상황이다. 뇌가 아직 미발달했기에 수면중 방광에 오줌이 찼다는 사실을 인지하지 못하고 있다가 오줌을 싸버리는 것이다. 따라서 뇌가 발달하면 자연히 없어지게 된다. 이렇듯 유아수면의 특징은 '미숙'과 '성장'이라는 키워드로 말할 수 있다. 아직 미숙한 몸을 성장시키기 위해서 생체활동이 활발하므로 밤에 잠을 많이 자지만 이로도 부족해 낮잠을 1시간 정도는 자야 한다. 조금만 놀아도 피곤해하는데 이것은 자연적 현상으로 역시 자라면 없어진다.

뼈와 몸이 왕성하게 자라는 나이로 이때 잠을 잘 자지 못하면 성장과 정서에 큰 문제가 생길 수 있다. 따라서 충분한 수면시간을 확보해주기 위해 부모가 노력해야 한다. 적정 수면시간은 10~13시간이다. 침실의 조명은 다소 어두운 것이 좋다. 조명이 밝거나 눈앞에서 스마트폰을 사용하면 아이의 눈이 빨리 적응하여 아동 근시를 유발할 수 있기 때문에 주의해야 한다.

• **어린이(7~12세)의 적정 수면시간: 10, 11시간**

본격적인 학습이 시작되는 시기로, 잠과의 트러블이 가장 많이 생긴다. 학교와 학원을 다녀와 숙제 등을 하다보면 취침시간이 늦어지기 일쑤고 다음날 등교시간에 맞추다보면 어쩔 수 없이 수면시간이 짧아진다.

이상적인 수면시간은 10, 11시간으로 밤 9, 10시에 자고 아침 7시에 일어나는 것을 권장한다. 초등학교 저학년생의 경우에는 개인에 따라 수면발달의 차이가 있으니 조바심 내지 말고 자신만의 수면패턴을 찾도록 부모가 도와줘야 한다. 고학년이 되면 학업 때문에 수면부족이 생길 가능성이 크다. 하지만 이 시기에는 성장호르몬이 대량으로 나오기 때문에 충분한 시간과 깊이를 갖춘 수면을 취해야 성장에 이상이 생기지 않는다는 사실을 명심하자.

또 중학교에 갈 시기가 가까워져오면 '어린아이가 아니기 때문에 수면시간을 줄여도 된다'고 오해하지만, 2차 성징이 진행되면서 생리적으로 졸음이 강해지므로 저학년 시절과 동일한 정도의 수면이 필요하다.

• 청소년(13~18세)의 적정 수면시간: 8, 9시간

중학생의 이상적인 수면시간은 8시간 30분에서 9시간, 고등학생은 8시간 전후다. 평균 수면시간이 어린아이일 때에 비해 각각 1시간 정도 줄어들지만 체력이 강해져 불규칙한 생활도 어느 정도 버틸 수 있다. 평일에는 수면이 다소 부족해도 체력으로 버티고 휴일에 부족했던 수면을 채우기 위해 늦잠을 자는 경우가 많다. 이처럼 불규칙한 수면주기를 형성하는 것이 이 연령대의 특징이다.

하지만 체력이 받쳐준다고 해서 불규칙한 수면습관을 가지면 피로가 계속 누적되어 학업과 일상생활에 악영향을 줄 수 있다. 특히 수험생의 경우 스스로 학업에 집중하는 시간을 갖는 것이 중요하므로 너무 늦게 자고 늦게 일어나는 것은 좋지 않다. 수업시간이나 시험시간은 대부분 오전에 시작되므로 가능한 한 밤 10시, 늦어도 밤 12시 전에는 잠자리에 들고 아침 6시에는 일어나는 리듬을 유지하는 것이 도움이 된다. 너무 빨리 잠드는 것도 금물이다. 왕성한 체력 때문에 취미나 운동으로 체력을 소모하면 저녁식사 전후에 졸음이 와서 잠시 잠들기 쉬운데, 이렇게 되면 수면주기가 흐트러지기 십상이다.

- **성인(19~44세)의 적정 수면시간: 7~9시간**

성인이 되면 6~8시간 30분 정도 자는데, 그중 렘수면이 20퍼센트에 달한다. 일에 따라 삶의 패턴이 바뀌고, 이에 따라 수면도 바뀌게 된다. 또 서서히 체중이 늘어나 복부비만 등이 생기면서 코골이를 시작한다. 복부비만이 심해지는 만큼 코골이가 강해지면서 수면무호흡증도 나타나기 시작한다. 코골이는 주의해야 할 수면장애 중 하나인데, 건강을 해치는 무서운 질병이므로 반드시 치료해야 한다. 코골이가 심해지면 수면무호흡증이 나타나고, 수면무호흡증은 고혈압, 당뇨병, 심장병, 뇌졸중 등의 심각한 질병으로 이어질 수 있다.

- **중년(45~64세)의 적정 수면시간: 7~9시간**

성인의 수면과 큰 차이는 없지만 나이가 들면 들수록 수면시간이 짧아진다. 수면장애가 많아지기도 하므로 수면제에 의존하는 사람이 증가한다. 하지만 수면제는 위험한 것이므로 반드시 의사의 처방을 받아 복용해야 한다.

또 이 시기에는 수면부족에 의해 기억력 손상이 생길 수 있으니 평소에 두뇌를 활발하게 활용하려는 노력이 필요하다. 책을 읽거나 공부를 하면 뇌는 얕은 렘수면 동안 기억을 정리한다. 즉 뇌를 많이 사용하면 할수록 뇌가 기억을 정리하기 위해 필요한 수면시간도 늘어나는 것이다. 평소에 책을 많이 읽는 사람은 노인이 되어도 수면시간이 긴 편으로 알려져 있다.

- 노인(65세 이상)의 적정 수면시간: 7, 8시간

고령이 될수록 잠드는 데 어려움을 겪고, 자다가 여러 번 깨기도 하며, 아침에 일찍 눈이 떠지는 등의 특징이 나타난다. 즉 수면장애의 네 가지 종류 중 입면장애, 중도각성, 조기각성의 세 가지 증상이 동시에 나타나게 된다.

특히 노인에게는 중간에 깨는 중도각성이 많다. 수면호르몬(멜라토닌)의 분비량이 줄어들기 때문이다. 멜라토닌의 체내 생산량을 늘리며 보다 안정적인 잠을 자기 위해서는 아래 사항을 염두에 두는 것이 좋다.

1. 낮에 산책이나 운동을 하여 햇빛을 받으면 저녁에 체내 멜라토닌이 많이 생성된다.
2. 멜라토닌을 만드는 트립토판을 아침식사 메뉴에 넣는다. 콩, 고기, 유제품, 바나나 등에 많이 포함되어 있다.
3. 밤에는 조명을 끈다. 왕성하진 않지만 멜라토닌 분비량이 늘어날 수 있다.
4. 의사의 처방을 받아 멜라토닌 성분의 약물을 복용하는 것도 하나의 방법이다.

- 여성의 수면패턴

일반적으로 여성의 수면패턴은 호르몬의 기능에 좌우되는 경우가 많다. 남성에 비해 호르몬 분비가 주기적으로 변화하기 때문에 불면증 등의 수면장애를 일으키기 쉽다. 월경이나 임신·출산, 폐경에 따른 수면장애는 여성 특유의 증상이라고 할 수 있다. 생리 직전이 되면 수면시간은 같지만 깊은 잠이 줄고 얕은 잠이 많아져 수면의 질이 떨어진다. 낮의 졸음이나 불면증, 두통 등 심신부진을 호소하는 여성이 많은데, 이것은 여성호르몬 변화에 따른 수면부족에서 원인을 찾을 수 있다. 그러나 이러한 증상은 일시적인 것으로, 보통 생리를 시작한 지 2, 3일이 지나면 안정된다.

여성호르몬은 20~30대에 최고조에 이른 후 40대가 지날 무렵부터 저하되며 갱년기가 온다. 갱년기에 들어가면 얼굴이 달아오르며 머리에서 열이 나거나, 땀이 많이 나거나, 현기증, 어깨결림, 불면증 등 이른바 갱년기장애라는 다양한 증상이 나타나기 시작한다. 입면장애나 중도각성 등 수면 관련 증상도 높은 빈도로 나타난다. 이러한 증상은 수면장애와 상호 연관이 많아 신체증상이 강하면 수면장애도 강하게 나타나고, 반대로 신체증상이 감소하면 수면장애가 개선되는 경우가 많다.

Chapter 4

×

'낮'보다 화려한 '밤'을 위하여,
잠을 부르는 습관과 환경

"아늑한 침대는 따뜻하고 활기찬 삶이다."

―『율리시스』 중에서

성공을 부르는 주문
'기고만잠'

영국의 보수당 의원 낸시 애스터가 소련을 방문해 총리와 면담을 할 때였다. 소련 총리가 한 영국 정치인의 근황에 대해서 묻자, 그녀는 별거 아니라는 듯 말했다.

"아, 그 사람이요? 그는 끝났어요."

낸시 애스터에게 정치적 사망 통보를 받은 사람은 바로 제2차 세계대전에서 영국을 승전으로 이끈 '윈스턴 처칠'이었다. 애스터의 말처럼 당시 처칠은 정말 끝난 듯 보였다. 당시 처칠에게 붙은 별명은 이랬다. 부모가 버린 아이, 열등생, 논쟁하는 정치가, 조롱당하고 잊힌 과거의 실패한 정치가.[1] 하지만 히틀러가 쳐들어오자 당시 영국 총리였던 체임벌린은 물러났고, 대영제국의 운명은 이 '실패한 정치인'의 손에 맡겨졌다. 처칠은 이전의 평가를 비웃기라도 하듯 정확한 판단력과 과감한 결단으로 전쟁을 승리로 이끌어냈다. 이로써 그는 존경받는 지도자의 반열에 올랐고, 후대에도 최고로 꼽히는 정치인이 되었다.

당시 처칠은 보통 사람의 몇 배나 되는 생산력으로 일을 수행했고, 수많은 난관도 슬기롭게 극복했다는 평가를 받았다. 이처럼 놀라운 지휘력과 판단력 뒤에는 이 모든 것을 가능하게 하는 그만의 비결, '잠'이 있었다. 윈스턴 처칠은 누구보다도 수면을 중요하게 생각하는 사람이었다. 그래서 각료회의를 할 때도 자신의 낮잠시간 이후로 스케줄을 잡았다. 푹 쉬고 난 다음이 가장 두뇌회전도 잘되고, 보다 깨끗한 정신상태로 정확한 판단을 내릴 수 있다고 생각했기 때문이다. 처칠을 지켜본 사람들에 따르면, 그는 낮잠을 자고 나면 다시 거인의 모습으로 깨어나 새벽까지 믿을 수 없는 에너지로 일에 몰두했다. 길게 잠을 잘 수 없는 전시상황에는 밤잠과 낮잠을 분절해서 잠으로써 깨어 있는 시간 동안 명철한 판단력을 유지할 수 있었다.

조선시대 숙종의 손자인 영조 역시 규칙적 생활과 수면을 통해 건강을 유지했다. 그는 건강관리에서만큼은 탁월한 군주였다. 영조는 어전회의를 하다가도 식사시간이 되면 회의를 중지하고 밥을 먹었다. 그리고 자신의 몸에 꼭 맞는 침구를 갖추고 침실을 꾸민 뒤 제시간에 잠자리에 들어 숙면했다. 그의 이러한 건강관리는 80세 장수라는 놀라운 열매로 돌아왔다.

시간이 부족한 정치인일수록, 바쁜 기업인일수록 제대로 자는 것은 더 중요하다. 중요한 위치에서 내리는 정확한 판단이야말로 이익으로 이어질 가능성이 크기 때문이다. 그리고 그 정확한 판단력을 더욱 키워주는 것이 바로 '잠'이다. 그래서 성공한 정치인이나 기업인일수록 잠자는 시간만큼은 꼭 지킨다. 그들은 조금 더 일을 하겠다며 잠을 줄인다면 더 큰 손실을 야기할 수 있다는 사실을 아주 잘 알고 있다. 부족한 수면은 뇌를 제대로 쉬지 못하게 만들어 잘못된 판단을 내리기 쉽다는 사실을 인지하고 있는 것이다.

큰일을 이루는 사람은 경제적, 사회적 성공과 더불어 건강에 대한 목표도 세운다. 미국 최고의 부호 록펠러는 두 가지 말을 자주 했다고 한다. 하나는 "나는 세계 최고의 부자가 될 거야"이고, 또하나는 "나는 백 살까지 살 거야"였다. 그는 매일 낮 동안 열심히 일하고 저녁에는 기도를 올린 후 잠옷을 입고 어린아이처럼 잠을 잤다고 한다. 그리고 90세가 넘어서까지 골프를 하러 갔는데, 골프공에 표시를 하여 어디에 공이 맞았는지 관찰할 정도로 말년까지 끊임없는 호기심을 자랑한 천생 어린아이였다고 한다. 실제로 그는 목표였던 100세를 거의 채운 98세까지 즐겁게 살았다. 록펠러의 길고도 즐거웠던 인생은 그가 지인들에게 복사해서 나누어주었다는 시에서도 찾아볼 수 있다.

나는 어려서부터 놀이와 노동을 배웠다오
내 인생은 길고도 행복한 휴일과 같아서

노동과 놀이로 가득했다오
나는 근심 걱정을 벗어버렸고
하느님께서 매일 나와 함께하셨다오

인생의 건강관리는 마라톤과도 같다. 마라톤 선수는 절대 처음부터 빨리 달리지 않는다. 초반부터 별거 아니다 싶어 오버페이스하며 힘을 빼면 후반이 되어서는 발조차 들어올릴 힘이 남지 않기 때문이다. 인생에서의 건강관리도 마찬가지다. 장기적으로 바라보며 평소에 제때 먹고 잠을 잘 자두어야 한다. 잠의 중요성을 알고 실천하려면 '기고만잠'의 원칙을 잘 기억하자. 기고만잠이란,

1. '기'상시간을 '고'정하고,
2. '실컷滿' '잠'을 잔다는 원칙이다.

만약 어제 잠이 부족했다면 오늘 잠드는 시간을 당기되, 내일 아침 일어나는 시간은 어떻게든 지켜야 한다. 기상시간이 뒤로 밀리면 전진도 하기 전에 후퇴하는 것과 같다. 아침부터 하루의 단추를 잘못 꿰고 시작하는 것이다. 멜라토닌 분비와 성장호르몬 등 호르몬의 분비주기가 흐트러지고, 햇빛을 받는 시간이 바뀌어 생체시계가 틀어지는 등 부작용이 생각보다 많다. 또한 그렇게 흐트러진 수면균형이 다시 회복되는 데는 더 많은 시간이 필요하다. 기고만잠의 수면을 연습함으로써 필요한 수면시간을 확보하는 것이 중요하다. 길게 보면 그것이 이기는 길이다.

체력이 '공격'이라면, 수면력은 '수비'

체력관리의 중요성은 누구나 다 안다. 운동을 하는 이유도 그중 하나다. 그러면 '수면력'에 대해 생각해본 적 있는가? 수면력은 체력 못지않게 중요한 것으로 체력이 공격에 해당한다면 잠을 잘 자는 수면력은 수비라고 할 수 있다.

스포츠에 비유해보자. 축구든 농구든 야구든 그 어떤 스포츠 경기에서도 수비력이 나쁘면 아무리 공격력이 좋아도 쉽게 이길 수 없다. 진정한 강팀이란 공격과 수비가 모두 강한 팀이다. 체력과 수면력의 관계도 비슷하다. 두 가지 모두 좋아야 건강을 지킬 수 있다. 그런데 이 둘은 서로를 자극하기도 하고 서로가 서로를 보강하기도 한다. 운동을 통해 체력을 강하게 키웠다면 수면을 통해 이제 몸의 기본적인 활력을 찾아보자. 운동조차 할 생각이 들지 않는다면 먼저 잠부터 푹 자보자. 잘 자고 나면 훨씬 나아진다.

인생에서도 나이가 들수록 공격보다 수비가 중요해지듯이, 우리 몸도 체력 못지않게 수면력이 중요해진다. 신체활동이 왕성한 젊은 나이에야 조금 덜 쉬어도 몸을 쓰는 데 큰 어려움을 느끼지 않지만, 나이가 들면 제대로 쉬지 못할 경우 낮시간 동안 움직이고 활동하는 데 어려움을 느끼기 마련이다. 그런데 이 수면력이라는 것이 잘 지켜내기 쉽지 않다. 나이가 들면 수면에도 많은 변화가 일어나기 때문이다.

먼저 질 좋은 잠이 줄어든다. 청년과 노년을 대상으로 수면의 깊이를 측정하는 실험을 해봤더니, 노년층에서는 피로가 풀리는 '서파수면'이라는 단계가 거의 없어져버린 것으로 밝혀졌다. 오래 자도 낮에 꾸벅꾸벅 조는 노인이 많은 이유도 여기에 있다. 반면 젊을수록 며칠 밤을 새워도 하룻밤만 푹 자면 다시 쌩쌩해지는데, 이는 서파수면을 통해 피로가 완전히 회복됐기 때문으로 잠의 효율이 좋은 것이다. 나이가 들어 수면의 질이 떨어지면 얕은 잠을 자기에 잘 깨고, 한번 깨면 다시 잠들기 어려워진다. 호르몬의 변화도 잠의 질을 떨어뜨린다. 나이가 들면 수면호르몬인 멜라토닌 분비가 줄어들고, 체온조절기능 또한 약화되어 초저녁잠이 오곤 한다.

결국 나이가 들어감에 따라서 잘 자기 힘들어지는 상황은 피할 수 없는 셈이다. 하지만 나빠지니 어쩔 수 없다고 방치하는 태도는 금물이다. 그럼에도 푹 잘 수 있도록 수면력을 키우려고 노력해야 하는 까닭은, 나이가 들수록 떨어지는 기억력과 인지력 등이 수면과 지대한 관계가 있기 때문이다. 핀란드에서 쌍둥이 노인 2236명을 대상으로 20년을 단위로 수면을 측정했더니 7, 8시간을 잔 노인이 기억력과 인지력이 가장 높은 것으로 나타났다. 12만 명을 대상으로 대규모 암산 테스트를 해본 결과에서도 잠을 더 많이 잘수록 기억력이 증가하는 것으로 나타났다. 그 정점은 7시간이었고, 더 많이 잘 경우에는 오히려 감퇴했다.

미국 대통령도 변화시킨 자기계발 전문가 랠프 월도 에머슨은 '원인'과 '결과'를 상대하는 삶을 살아야 한다고 말했다. 그는 행운을 믿고 사는 것처럼 불안정한 삶은 없으며, 자신이 뿌린 원인에 대한 결과만을 거둔다고 생각하는 것이 진정한 내면의 평화를 불러온다고 이야기했다.

그의 말이 수면개선에도 정확히 들어맞는 듯하다. 나이가 들면 삶에서 가장 중요한 수비에 해당하는 수면력이 자연히 약화된다. 어느 순간 갑자기 잘 자게 되리라는 행운을 기대하지 말자. 나이가 들면 수면능력이 떨어진다는 사실을 받아들이고 그 대책을 세우는 편이 훨씬 현실적이다. 목욕 한 번, 아로마 오일 한 방울, 베개 교체 같은 실질적인 행위가 숙면이라는 결과를 부르는 유일한 길이라는 사실을 잊어서는 안 된다.

그렇다면 수면력을 키울 수 있는 방법은 무엇일까? 어떤 일이든 문제를 해결하는 길은 스스로 인지하고 해결하려는 노력이 첫번째다. 매일 수면일지를 기록하여 자신의 수면시간을 파악하고 스스로 관리하려는 노력을 기울여야 수면효율을 획기적으로 개선할 수 있다. 수면일지라고 해서 복잡할 것은 없다. 몇시에 자고 몇시에 일어났는지, 침대였는지 바닥이었는지 같은 기본적인 수면조건과 이후 졸렸는지 등에 대한 몸상태 정도만 간단히 두어 줄 기록하면 된다. 이것만으로도 이후 수면개선상황을 충분히 알 수 있다.

또한 수면에 대한 상식(수면의 90분 주기, 커피·알코올·니코틴 등의 영향 등을 알려주는 기초적인 정보)을 숙지하는 것만으로도 수면개선 효과가 현격히 높아진다. 연구 결과 본인이 자신을 모니터링하기만 해도 수면의 질, 주간 활동성, 수면 타이밍 등 모든 요소에서 개선이 이루어지는 것으로 나타났다.

두번째는 일상생활의 규칙성이다. 우리 몸은 신비하게도 생체시계를 갖고 있어서 어떤 시간이 되면 그때 몸의 상태를 최대한 준비시킨다. 65세 이상 654명의 은퇴자를 대상으로 조사했더니 기상, 식사, 목욕 등에서 규칙적인 생활을 하는 사람이 수면의 질이 좋은 것으로 나타났다. 수면시에도 이러한 규칙성이 도움을 주어 잠이 강하게 쏟아지도록 하는데, 규칙성의 효과는 기본이 되는 일상 행동과 예외적인 행동에 따라 다르게 나타난다. 목욕시간, 식사시간같이 일상적인 활동을 규칙적으로 하는 것이 쇼핑, 외출 등 사회적 활동을 하는 것보다 훨씬 긍정적인 효과를 준다.

세번째, 아로마향을 활용한다. 특히 라벤더는 자연적인 진정작용을 하여 서양에서 오랫동안 사용되어온 에센셜 오일로, 인체에 해가 없어 가장 널리 사용되고 있다. 라벤더는 불면, 우울증, 불안, 스트레스 완화 등 전반적인 심리상태에 긍정적인 영향을 미친다.

쉬어라, 스마트폰은 내려놓고

1848년 캘리포니아에서 금광이 발견되고 1869년 미국대륙횡단열차가 개통되자 미국인은 물론 전 세계 이민자들이 너나없이 일확천금을 꿈꾸며 서부로 달려갔다. 사람들은 12시간 이상씩 일했으며, 일이 끝나면 선술집으로 몰려가 음료와 술을 마시고 격렬한 춤을 추면서 하루의 피로를 풀었다. 그들은 조그마한 상자에 동전을 집어넣고 음악이 나오면 쉴새없이 신나는 춤을 추었다. 당시에는 춤을 추면서 낮 동안 노동으로 쌓인 피로를 푸는 것이 유행이었다. 술집에 모인 사람들은 폴카, 왈츠, 투스텝 등 각종 춤으로 몸을 흔들어대면서 이역만리 타국에서의 피로를 털어냈다. 바로 '주크박스' 덕분이었다. 그들에게 주크박스는 휴식을 의미했다.[2]

2015년 한국, 우리의 휴식은 어떤 의미일까? 열심히 공부하는 아이 옆에서 아빠가 신문을 보고 있다. 아이는 꽤 오랫동안 공부에 몰두하고 있다. 쉬는 시간이 되자, 아이는 스마트폰을 꺼내더니 무언가 열심히 읽고 또 손가락으로 입력한다. 공부할 때보다 더 바빠 보인다. 아빠가 말한다.

"애야, 공부하느라 힘들었을 텐데 좀 쉬는 게 어떠니."

스마트폰에서 눈도 떼지 않고 바쁘게 손을 놀리던 아이가 말한다.

"아빠, 그게 무슨 말이에요. 이게 지금 쉬는 거예요."

요즘은 저마다 손에 들고 있는 스마트폰을 쓰는 게 휴식이라고 생각한다. 예전 카페에는 조용히 앉아 책을 읽거나 생각에 잠긴 사람이 많았는데, 요즘은 다들 잠시의 여유만 생겨도 스마트폰을 꺼내든다. 사실 아이는 책을 보는 대신 친구들과 하고 싶은 이야기를 나누고 있으니 쉰다고 여겼을 것이다. 하지만 뇌는 여전히 스마트폰에서 나오는 빛과 읽고 보는 것에 의해 혹사당하는 상태이므로 진정으로 쉬고 있는 상태는 아니다. 스마트기기의 등장으로 쉰다고 생각하는 상황이 실제로는 쉬는 것이 아닌 상황이 되어버렸다.

그렇다면 '쉬는 것'을 어떻게 정의하면 좋을까? 휴식이 필요한 이유는 낮 동안의 업무나 공부에 대한 집중 그리고 그에 따른 스트레스 때문이다. 즉 뇌와 관련된 활동에 대한 휴식이 필요한 것이다. 따라서 뇌를 쉬게 해주는 것을 휴식이라고 정의하면 좋겠다. 일본 작가 무라카미 하루키는 마라톤 마니아다. 그가 어떤 특별한 목적이 있어서 달리는 것은 아니다. 그저 집필할 때 오는 스트레스를 몸으로 풀며 그만의 휴식을 취하는 것이다.

그렇다면 몸을 쓰며 일하는 사람들은 어떨까? 그들은 일할 때 쓰지 않는 다른 근육을 움직임으로써 휴식을 취하면 된다. 언젠가 전 씨름선수 강호동씨가 친선 경기에서 여자 테니스 국가대표를 지낸 전미라 선수를 이겨서 화제가 된 적이 있다. 사람들은 의아해했지만 씨름선수의 훈련을 보면 강호동씨의 승리가 납득이 된다. 씨름선수는 휴식 삼아 테니스를 한다. 씨름은 힘을 바탕으로 한 운동이지만, 테니스에서 오는 섬세한 근육의 감각을 익히기 위해서 쉬는 시간에 테니스를 하는 것이다.

이처럼 뇌를 쉬게 하는 운동은 휴식을 도와주고, 이 휴식은 우리 몸이 취하는 가장 길고 중요한 휴식, 즉 수면을 도와준다. 윌리엄 디멘트 박사는 수면을 "깨어 있는 상태, 즉 활동상태의 반대 개념인 휴식상태"라고 정의했다. 우리의 궁극적인 목적인 잠의 편안함을 위해서는 휴식도 똑똑하게 잘 쉬어야 한다. 고대 중국에는 이런 격언이 있다고 한다.

'나는 듣고 잊는다. 나는 보고 기억한다. 나는 행하고 이해한다.'

행동은 모든 것을 이해하는 최종의 학습방법이다. 행동은 머리로 한 생각과 학습을 완성하며, 수면에도 가장 좋은 약이 됨을 잊지 말자.

시차를 넘어 잘 자는 법

미국소매협회에 따르면 매년 세계를 여행하는 여행자 수는 무려 10억 명에 달한다.[3] 세계여행 관련 시장도 불황에 상관없이 연 12퍼센트 이상으로 고성장중이다. 다국적 화장품회사인 로레알은 여행자가 구매하는 여행용품 소매업 분야를 '다음 대륙'으로 지칭하면서 여기에 총력을 기울일 정도다. 이렇게 여행자가 많아지면서 문제가 생겼다. 바로 시차적응에 어려움을 겪는 사람들이 늘고 있다는 것이다. 가끔 여행을 떠나며 시차를 겪는 사람은 큰 문제가 아니라고 생각하기 쉬운데, 때로는 생각보다 심각해질 수도 있다. 관리가 철저한 대통령에게도 문제가 생겼으니 말이다.

부시 대통령이 일본 국빈 방문시 파티장에서 정신을 잃고 쓰러진 일이 있었다. 신속히 조치를 취해 다행히 큰일이 일어나지는 않았지만, 원인은 바로 시차 때문이었다. 통상 시차적응을 거친 후 공식행사를 해야 하지만 상황상 그냥 진행했던 것이 화근이었다. 부시가 쓰러진 시간은 일본에서는 아침이지만 미국 시간으로는 새벽이었다.

비행기를 타고 갈 수 있는 나라가 점점 많아지면서, 이로 인해 '제트랙(JET LAG, 시차증)'이라고 하는 20세기 특유의 병이 생겨났다.[4] 한낮인데도 꾸벅꾸벅 졸거나 눈꺼풀이 무거워지고, 초저녁 이른 잠자리에 들지만 한밤중 깨어나 다시 잠들지 못한 채 아침을 맞이하는 경험, 식사시간에 배가 고프지 않고 다른 시간에 허기지며, 가끔 속이 울렁거리거나, 머리가 멍하고 집중이 잘되지 않는 증상, 왠지 독감에라도 걸린 듯한 이 느낌이 바로 시차증이다. 대한간호학회의 『간호학대사전』에서는 이렇게 정의한다.

"시차망각병이란 시차가 있는 곳에 제트기 등으로 급속히 이동하였을 때 생기는 심신의 위화감이다. 시상하부에 있는 생체시계가 약 1일의 리듬으로 케토스테로이드의 혈중치 등을 증감시키고 있으나, 이것이 새 장소의 리듬에 적응하는 데 시간이 걸리기 때문에 일어난다."[5]

수면의학자 윌리엄 디멘트에 따르면, 말이나 배로 여행을 하던 시절에는 장거리를 가더라도 시간대를 서서히 통과하기 때문에 우리 몸의 생체시계와 태양의 움직임 사이에 시간차가 거의 없었으나, 교통수단의 발달로 이동이 빨라지면서 이전에는 없던 문제가 생겨나기 시작했다.[6] 우리 몸의 생체시계가 리셋될 수 있는 능력 이상으로 빠르게 여행을 하면 생체리듬과 태양의 일출·일몰이 잘 맞지 않게 되는 것이다.

평균적으로 1시간 차이가 날 때마다 우리 몸이 시차에 적응하는 데 필요한 시간은 하루, 그러니까 24시간이라고 한다. 만약 5시간의 시간차가 있는 뉴욕에서 런던으로 여행을 한다면 최소한 5일이 지나야만 체온과 호르몬리듬이 새로운 시간대에 적응하게 되는 것이다. 하지만 대부분 이런 시차를 5일 동안 느끼지는 않는데, 이것은 개인차가 있기 때문이다. 어떤 사람은 하루이틀 정도만에 괜찮아지고, 또 어떤 사람은 일주일이 지나도 여전히 컨디션이 좋지 않을 수 있다. 이러한 증상은 개인의 생체리듬 특성이나 여행을 시작할 때의 컨디션에 의해 결정된다고 볼 수 있다.[7]

또한 여행시에는 동쪽으로 가는 것이 서쪽으로 가는 것보다 시차 적응이 더 힘들다. 지난 4월, 9박 12일간의 중남미순방 직후 박근혜 대통령은 위경련과 인두염 증상으로 병원 치료를 받았는데, 이는 대통령의 일정에서 원인을 찾을 수 있다. 대통령은 출국시 한국에서 동쪽 방향인 미국 LA로 향했고, 귀국시에도 브라질에서 동쪽인 독일 프랑크푸르트를 경유했다. 즉 계속 동쪽으로 이동했기에 시차적응이 쉽지 않았을 것이다.[8]

이처럼 시차적응 때문에 힘들어하는 여행객을 위해 미국 델타 항공사는 영국 옥스퍼드 대학과 공동개발한 '포톤 샤워photon shower'를 공항에 설치해 시차에 빠르게 적응할 수 있도록 돕고 있다. 포톤 샤워는 부스 안에 설치된 샤워기에서 나오는 빛으로 샤워를 하면 뇌와 생체시계가 도착지 시간에 적응하도록 해주는 장치다. 비처럼 내리는 푸른빛을 쏘이면서 시차문제를 해결해주는 일명 불빛 샤워다. 또 '제트랙 루스터www.jetlagrooster.com'라는 사이트에서는 평소 자신의 수면습관과 비행일정 등을 입력하면 비행하는 동안 기내식의 메뉴, 도착 후 음료, 식사 메뉴 등 시차적응에 도움이 되는 다양한 가이드라인을 알려주고 있으니 참고해보면 좋겠다.

최근 하버드 대학의 연구에서 16시간 동안 아무것도 먹지 않은 상태에서 아침식사를 하면 시차적응을 해소해준다는 발표가 있었다. 시차적응에 힘들어하는 사람에게는 솔깃할 만한 방법이기는 하지만, 이는 기본적인 체력이 있는 사람만 가능하다.

다음에 소개하는 열두 가지 방법을 참고하여 단기간 시차적응에 도전해보자. 물론 열두 가지 방법이 절대적인 해결책은 아니겠지만, 단시간에 시차적응을 조금 더 잘할 수 있는 방법이니 여행 계획이 있다면 반드시 읽고 실행해보기 바란다.

1. 여행 또는 출장 전에 가능하면 하룻밤 푹 잔다.
시차의 영향은 잠이 부족한 경우 더욱 커지니 여행 전에는 약속이나 모임, 늦은 귀가는 피하도록 하자.

2. 비행기 도착시간을 늦은 오후나 이른 저녁으로 하자.
그러면 가벼운 식사를 하고 도착지 시간으로 11시 이전에 잠자리에 들어 쉴 수 있을 것이다. 동쪽으로 갈 때는 일찍 비행기를 타고, 서쪽으로 갈 때는 늦게 타도록 하자.

3. 새로운 시간대를 예측하고 미리 맞추는 연습을 한다.
목적지 도착시간이 밤이라면 기내에서 책이나 영화를 보며 최대한 잠을 줄이고 깨어 있도록 한다. 반대로 목적지 도착시간이 아침이면 많이 자도록 하자(수면안대 등을 사용하면 좋다).

4. 알코올이나 알코올 성분 음료는 삼가자.

알코올은 일시적으로 수면을 유도하지만 탈수증을 일으킬 수도 있으므로 잠을 방해한다. 대신 물을 자주 마시자.

5. 카페인을 조심하자.

목적지의 도착시간이 아침이나 낮이라면 커피 등의 카페인 섭취는 상관없지만, 저녁이나 밤일 경우 비행중 카페인 섭취는 자제한다.

6. 도착 후 현지 시간에 맞추어 생활하자.

배가 고프지 않더라도 현지 시간에 맞추어 저녁식사를 하도록 하고, 졸리지 않더라도 잠자리에 들어 현지 시간에 맞추어 기상하도록 한다. 이것이 가장 중요한 포인트다!

7. 기내식도 신경쓰자.

장거리 비행의 기내식 메뉴에서 밥, 빵, 면 종류의 탄수화물은 잠들기 쉽게 도와주며, 단백질이 풍부한 우유, 달걀, 닭고기 등은 깨어 있는 데 도움이 된다.

8. 시차문제가 심각한 여행자는 멜라토닌을 복용하자.

9. 체온 조절에 주의하자.

잠자기 전에 시원한 물을 마시거나 방 안 온도를 약간 낮은 편
으로 하고, 아침에는 따뜻하게 옷을 입거나 따뜻한 물을 마셔서
체온을 높여준다.

10. 햇빛을 쬐자.

햇빛을 받으면서 몸이 자연스럽게 시차에 적응하도록 한다. 밖
의 빛이 충분하지 않다면 방 안의 모든 조명을 환하게 켜도록
한다.

11. 기상하면 아침 운동을 한다.

스트레칭이나 체조, 조깅이나 달리기를 하면 생체시계의 재조
정에 도움이 된다.

12. 도착해서 며칠 동안은 가볍게 식사를 한다.

개인차가 있으나 소화작용도 현지 시간 적응이 필요하다.

세계 최고의 병원이 권하는
잠의 10계명

세계 최고의 병원은 어딜까? 많은 사람이 미국 미네소타 주에 위치한 '메이요 클리닉'을 꼽는다. 메이요 클리닉은 지난 100년간 수요자 중심의 의료 서비스라는 획기적인 마인드로 전 세계에서 가장 사랑받는 병원으로 자리매김했다. '환자가 문을 열고 병원에 들어오는 순간부터 치료가 시작된다'는 병원 철학을 가진 메이요 클리닉은 그 철학만큼이나 환자들에게 최고의 병원으로 손꼽힌다. 한 리서치 기관이 메이요 클리닉에 다녀간 사람을 대상으로 이 병원을 어떻게 생각하느냐고 물었더니 '메이요는 의료계의 대법원이다' '최후의 보루다' '메이요 클리닉은 국가기관이다'라고 써냈다고 한다. 얼마나 만족스러우면 이런 찬사를 보낼까?

메이요 클리닉의 슬로건은 단순하다. '환자의 필요를 최우선으로

the needs of patient come first.' 언뜻 식상해 보이지만 이 슬로건에 담긴 그들의 자세는 비장하다. 연간 수백만 명이 오는 곳인데도 그들은 환자들patients이라는 복수형을 쓰지 않고 환자patient라는 단수형을 쓴다. 대신 필요needs에는 복수형을 쓴다. 수백만 명이 오지만, 환자 한명 한명의 수많은 필요에 모두 대응하겠다는 약속이자 선언인 셈이다.

사실 메이요 클리닉은 베끼기 대장이다. 메이요 클리닉의 설립자 찰스 메이요 박사는 지금도 휴가를 미 동부 시카고로 간다. 호텔 수영장에서 늘어지게 잠을 자는 것이 아니라, 일어나자마자 운동화 끈을 졸라매고 시카고에 즐비한 클리닉 탐방에 나선다. 유명한 클리닉이라는 클리닉은 모두 다 찾아가서 시시콜콜 따지고 요모조모 살펴본다. 그렇게 요즘 사람들이 필요로 하는 서비스, 다른 곳에서 먼저 하고 있는 선진적인 치료법 등을 공부한다. 이미 최고의 병원이라는 명성을 얻었는데 그렇게까지 하는 이유가 무엇이냐고 물어보면, 오늘에 멈추지 않고 더욱 발전하기 위해서라고 답한다. 더 구체적으로는 현재 세계 1위지만 2위와의 격차를 더욱 벌리기 위해서라고 말한다. 더 올라설 곳이 없다고 일컬어지는 병원이 이 정도면 다른 병원들은 정말 죽을힘을 다해야 되지 않을까 싶다.

그런데 이 병원이 건강관리를 위해 특별히 강조하는 것이 바로 수면이다. 메이요 클리닉은 별도의 수면장애센터를 운영한다. 이 병원 연구진은 수면에 대한 새로운 실험과 관찰 결과를 종종 발표하면서 수면의 중요성을 세상에 알리려고 노력한다. 그들은 수면이 결국 건강을 지키고 치매와 혈관질환 등을 예방하는 가장 중요한 예방법이라고 생각하고, 이를 알리는 것을 소명이라고 여긴다. 메이요 수면장애센터가 권장하는 '잠을 위한 10계명'을 소개한다. 미국 최고의 병원으로 불리는 병원이 불면증 환자에게 실천을 권하는 이 10계명을 살펴보고, 자신의 잠에도 적용해보자.

1. 일요일 늦잠은 금물이다.

일요일 아침이라고 평소와 다르게 늦잠을 자면, 밤에 출근을 앞두고 잠을 설칠 수 있다. 그렇게 잠을 제대로 못 자고 출근하면 한 주 내내 잠으로 고생하며, 결국 수면패턴이 망가질 수 있다. 그러니 주말이라도 같은 시간에 잠자리에 들고, 같은 시간에 일어나는 습관을 지키는 것이 중요하다.

2. 잠들기 직전에는 먹거나 마시지 마라.

저녁식사는 가급적 잠들기 2시간 전에 끝내고, 신경을 자극할 수 있는 맵고 짜고 기름진 음식은 삼가는 것이 좋다. 특히 술은 절대 마시지 않는다. 코골이와 수면무호흡증을 일으킬 수 있으며 수면의 질을 떨어뜨린다.

3. 카페인과 니코틴을 피하라.

커피와 담배는 피하는 것이 좋다. 카페인과 니코틴은 뇌의 각성상태를 유지시켜 깊은 잠에 빠지는 데 방해가 된다. 흡연자의 경우

'낮'보다 화려한 '밤'을 위하여, 잠을 부르는 습관과 환경

자는 동안 니코틴 금단증상을 겪기도 하고, 잠들고 깨는 데 비흡연자에 비해 더 애로를 겪는다.

4. 낮에 활기차게 움직여라.

오후에 하는 운동은 잠을 잘 자는 데 큰 도움이 된다. 하지만 직장인은 퇴근 후 매일 운동을 한다는 것이 쉽지 않다. 만약 상황이 여의치 않다면 일하면서 의식적으로 몸을 자주 움직여보자. 낮에 몸을 충분히 움직여야 밤에 졸음을 원활히 유도하여 깊은 수면을 취할 수 있다.

5. 실내는 선선하게, 손발은 따뜻하게.

잠자는 동안 체온이 떨어지는데 실내온도가 너무 높으면 수면 유지가 어려워진다. 머리는 차게 하되 손과 발은 따뜻하게 하는 것이 좋다. 다소 춥다고 느껴지면 히터를 켜는 대신 두꺼운 이불이나 담요를 덮어라.

6. 20분 이상 낮잠은 피하라.

장시간의 낮잠은 밤잠을 빼앗아가는 행위와 같다. 부득이 밤에 일하고 낮에 자야 한다면, 햇빛을 철저히 차단하기 위해 암막 커튼 등을 이용하는 것이 좋다. 대신 밤에 잘 때는 아침 기상을 위해서 커튼을 다소 열어두자. 햇빛이 잠을 깨우는 것이 가장 자연스럽다.

7. 소음을 줄이기 위한 방법을 찾아라.

잠자리에 들기 전에 반드시 라디오와 TV를 끄고, 가급적이면 귀마개를 하자. 귀마개는 주변의 생활 소음을 막아줘 숙면에 도움을 준다. 주변 소음이 심하다면 이중창과 두꺼운 커튼을 쓰는 것도 좋다.

8. 가장 편한 잠자리는 직접 만들어라.

가장 편안한 자세를 취할 수 있는 잠자리는 자신이 직접 만들어야 한다. 만약 자리에 누웠는데 15분 이내에 잠들지 못한다면, 차라리 일어나서 다른 무언가를 하는 편이 좋다. 억지로 잠을 청하면, 그 스트레스가 오히려 수면을 방해할 수 있다.

9. 따뜻한 물로 샤워하라.

따뜻한 물에 몸을 담그거나 샤워를 하면 근육의 긴장이 풀려서 잠이 잘 온다.

10. 수면제에 의지하지 마라.

수면제는 중독성이 있다. 부득이 써야 한다면 최소 용량을 먹고, 술과 같이 복용하는 것은 절대 금물이다. 수면제가 다른 약물과 섞이면 현재 앓고 있는 질환에 좋지 않은 영향을 줄 수 있다.

수면제 대신 '일광 운수대통'

조선의 실질적인 마지막 황제, 고종. 그는 파란만장한 삶을 살다 1919년 1월 20일 승하했다. 『승정원일기』에 따르면 고종은 승하하기 전 마지막날 점심에 온담탕을 마셨다. 온담탕은 반하, 진피, 백복령 등의 약재를 주성분으로 하는 한약탕으로, 바로 수면제다. 고종은 마지막날까지도 수면제를 복용하고 있었다.

온담탕은 불면증으로 고생하던 고종이 늘 복용하던 탕약으로 알려져 있다. 고종은 재위기간 내내 불면증에 시달렸다고 한다. 원래는 건강한 체질이었는데 재위중 불안정한 정국상황과 시해 위협 등이 그를 잠들지 못하게 만들었다. 기록에 따르면 고종은 새벽 3시에 잠이 들었고, 11시경 기상해 2, 3시경 아침을 먹었다. 저녁은 밤 11시 정도에 먹었다. 수면습관으로만 놓고 보자면 고종은 전형적인 올빼미형을 닮았다. 고종의 부인인 명성황후도 늦게까지 잠을 자지 않는 수면습관을 가지고 있었다고 한다.

수면제는 절대 함부로 복용해서는 안 되는 약이다. 일단 수면제를 매일 밤 규칙적으로 복용하면 몸에 점차 내성이 생겨 양을 늘릴 수밖에 없다. 결국에는 허용치까지 약을 늘려도 잠이 오지 않으며, 어쩔 수 없이 수면제를 끊게 되는데 그때는 처음 시작했을 때보다 더 심한 불면증을 겪는다.[9] 따라서 의사의 처방에 따라 조심스럽게 사용하는 것이 가장 현명한 방법이다.

1992년 64회 아카데미상 시상식에서는 역사상 전무후무한 일이 일어났다. 범죄 스릴러인 〈양들의 침묵〉이 남녀주연상은 물론, 작품상·감독상·각색상을 석권했는데, 보수적이기로 유명한 아카데미가 이례적으로 연쇄살인을 다룬 영화에 호평을 보냈다는 사실 때문에 더욱 화제가 되었다.

이 영화의 명장면으로 꼽히는 것이 바로 한니발 렉터의 탈출 장면이다. 자신의 감옥 안으로 들어온 경찰관을 속여 살해하는 끔찍한 장면에서 바흐의 〈골트베르크 변주곡〉이 흐른다. 사실 이 변주곡은 수면제 대용으로 작곡된 음악이다. 바흐가 라이프치히에 머물던 시절 러시아 대사인 카이저링크 백작을 방문했는데, 이때 불면증에 시달리던 백작이 바흐에게 잠들 때까지 들을 수 있는 긴 음악을 작곡해달라고 요청했다. 흔쾌히 승낙한 바흐가 만들어준 음악이 바로 〈골트베르크 변주곡〉이다.

수면제용으로 작곡된 음악이었으니 평소에 들으면 지루한 것이 당연할 터. 들으려는 사람도 연주하려는 사람도 없어 거의 버려지다시피 한 곡이었다. 하지만 이 곡이 캐나다 출신의 천재 피아니스트 글렌 굴드의 선택을 받으면서 일약 바흐의 대표곡으로 부상하는 등 드라마틱한 스토리를 갖고 있다. 글렌 굴드는 3세 때 악보를 읽고 5세 때부터 작곡과 연주를 했다고 알려진 천재 음악가다. 그는 22세에 첫 음반을 녹음했는데 그것이 바로 모두가 외면하던 바흐의 〈골트베르크 변주곡〉이었다.

잠 못 드는 밤이 있다면 수면제에 의존하기보다 차라리 그 밤을

'낮'보다 화려한 '밤'을 위하여, 잠을 부르는 습관과 환경

바흐의 음악과 같이 보내는 것은 어떨까? 아니면 간단한 암기법을 통해 수면제에 버금가는 숙면의 기쁨을 맛보자.

아침에 [일] [광]을 쬐면, 낮엔 [운] [수] [대통]하고,
저녁에 [네 가지]를 피하면, 밤엔 [약] [물] 없이 [단] [잠]을
잔다.

아침

[일] 일정한 시간에 매일 일어나라.
[광] 아침에 밝은 햇빛光을 쬐라.

낮

[운] 운동을 규칙적으로 하라.
[수] 낮에는 수면을 피하라.
[대통] 대통령처럼 바쁘게 열정적으로 움직여라.

저녁

[네 가지] 네 가지(카페인, 술, 담배, 심한 운동)를 피하라.

밤

[약] 약물(수면제, 진정제 등) 복용은 전문가와 상의하라.
[물] 미지근한 물로 샤워하라.

[단] 단순하고 안정된 상태로 잠들 준비를 하라.

[잠] 잠자리 환경을 수면에 적합하게 만들어라.

낮잠만으로 수면의 질을 바꿀 수 있다

"(잠을 많이 자는) 미발달된 사람을 발달시키려면 내가 발명한 인공조명이 있는 환경에 집어넣기만 하면 될 겁니다."

전구를 발명하며 인류에게 밤의 문화를 열어준 에디슨은 잠을 많이 자는 사람을 경멸했다. 그의 눈에 잠을 많이 자는 사람은 게으른 정도가 아니라 무능력하다고까지 보였다. 자신이 전구를 발명한 것은 밤의 세계를 확장해 게으른 사람을 바꾸기 위해서라고 믿었다. 하지만 우리는 에디슨에게 속았다. 에디슨은 밤잠을 줄여서 잤을 뿐, 밝혀진 여러 증거를 보면 실제로는 휴식의 대가였다. 그는 밤낮 장소를 가리지 않고 여유만 주어지면 잠깐씩 잠을 잤다. 때로는 연구소 작업대 위에서 자놓고도 다른 연구원들에게 밤새도록 연구를 했다고 우기기도 했다.

에디슨은 잠을 많이 잔 것이 아니라 효율적으로 잤다. 수면부족의 마지노선이 다가올 때마다 조금씩 잠으로써 농도 깊은 수면을 취했던 것이다. 그는 짧은 휴식을 통해 최고의 두뇌상태를 유지하면서 더 빨리 성과를 거둘 수 있었다. 수많은 발명가 중에서 에디슨이 독보적으로 인식된 것은 그가 최고였을 뿐 아니라, 일의 추월차선을

'낮'보다 화려한 '밤'을 위하여. 잠을 부르는 습관과 환경

찾아내는 눈이 있었기 때문이다.

중국에는 낮잠문화가 있다. 오늘날에도 많은 중국인은 점심시간에 2시간의 휴식을 취한다. 식사시간이 1시간, 낮잠시간이 1시간이다. 중국의 낮잠은 우지아오午覺라고 불린다. 한자의 뜻을 보면 정오의 잠이 아니라 '정오의 깨달음'이다. 영어에도 비슷한 말이 있다. 영어로 '숙고하다'라는 표현은 'sleep on it'이다. 중국이나 미국 같은 나라는 잠이 단순한 시간낭비나 게으름이 아니라는 사실을 알고 있었던 것이다.

낮잠을 단순히 물리적 시간의 개념으로 받아들여서는 안 된다. 낮잠은 휴식의 개념으로 이해하는 편이 더 자연스럽다. 이는 뇌의 학습구조를 보면 알 수 있다. 런던 대학의 피에르 매쿼어트 교수는 뇌영상촬영기를 통해 뇌의 학습 프로세스를 알아내고자 했다. 실험 참가자를 선발하여 낮 동안 아주 복잡한 과제를 시키면서 이들의 뇌를 촬영하고, 밤에 잠을 잘 때 이들의 뇌를 다시 촬영했다.

두 사진 사이에는 아주 유사한 모습이 나타났다. 뇌는 잠을 잘 때 낮 동안 복잡한 과제를 풀면서 썼던 부위를 다시 활성화했다. 실제로 이렇게 수면단계를 거친 다음날에는 참가자들의 과제해결능력이 향상되었다. 이를 통해 뇌는 잠을 잘 때 낮의 일을 차분히 복습한다는 사실을 알 수 있다. 물론 낮잠의 경우 복습할 시간까지는 되지 않고, 잠시 쉬는 정도에 불과하다. 하지만 잠깐의 낮잠은 바로 기억을 정리할 수 있도록 도와줘 오후의 학업이나 일 처리시 생산성을 높여준다.

생산성의 교과서라고 할 수 있는 나라 독일에서도 가장 중요하게 생각하는 것이 바로 휴식이다. 그래서 독일의 회사에서는 출근하자마자 10시에 한 번, 그리고 오후에 또 한번 휴식시간을 갖는다. 이때는 간단히 빵을 먹으면서 휴식을 취하고, 되찾은 활력으로 다시 열심히 일한다.

핀란드도 생산성이 높기로 유명하지만 '칼퇴'문화로도 유명하다. 우리나라 사람이 핀란드 회사에 취직해서 가장 놀라는 것이 바로 이 칼퇴문화다. 핀란드의 회사원은 보통 8시에 출근해 4시에 퇴근하는데, 회사는 법정 근로시간 이상으로 일을 시키지 않았다는 증빙서를 정기적으로 국가에 제출해야 한다. 최근 핀란드에 취업한 이들의 전언에 따르면 핀란드의 휴식시간은 총 1시간인데, 30분은 점심식사에 사용하고, 나머지 휴식시간은 15분 단위로 나누어 쓸 수 있다. 이 휴식시간은 붙여서 쓸 수도 있고 그냥 두었다가 더 빨리 퇴근할 수도 있다.[10]

초현실주의 화가 살바도르 달리는 특이한 휴식 스타일로 유명했다. 그는 작업을 하다가 피곤해지면 잠시 어슬렁거리다가 애용하는 의자로 가서는 바닥에 금속 접시를 놓고 티스푼을 든 채 잠을 잤다. 깊이 잠들면 손에 쥔 티스푼이 금속 접시로 떨어지게 되고, 이 소리에 놀라 번쩍 눈을 뜨면 또다시 작업으로 복귀했던 것이다. 이것은 의학적으로도 꽤 의미 있는 낮잠비법인데, 렘수면단계로 넘어가면

'낮'보다 화려한 '밤'을 위하여. 잠을 부르는 습관과 환경

자연히 근육이 이완되는 것을 이용한 체계적인 시스템이라고 할 수 있다. 낮잠을 오래 자면 깊은 수면단계인 렘수면까지 넘어가서 밤 수면에 지장을 준다고 하니 20~30분 정도의 적당한 낮잠을 취하는 편이 좋다.[11]

아이의 잠재력을 키워주는 수면법

초보엄마를 가장 괴롭히는 것은 무엇일까? 그것은 밤이고 낮이고 시도 때도 없이 우는 아이를 어르고 보살펴야 한다는 점이다. 왜 우는지도 모르는 아이를 한 시간이고 두 시간이고 달래야 한다는 것은 엄마의 인내심과 체력의 한계를 시험하는 일이다. 이런 상황에서 엄마에게 수면이란 사치에 불과하다.

그런데 왜 아이들은 시도 때도 없이 우는 걸까? 이유는 간단하다. 극심한 피로감으로 인해 괴롭기 때문이다. 그 피로감을 해소하려면 잠을 잘 자야 하는데 습관이 잘못 들면 쉽게 잠들지 못한다. 그런 상황에서 말 못하는 아이들이 선택할 수 있는 것은 '울음'밖에 없다. 결국 모든 엄마가 원하는 잘 먹고 잘 자는 건강한 아이를 만들기 위해서는 좋은 수면습관을 길러주는 일이 중요하다. 수십 년간 소아수면을 연구해온 마크 웨이스블러스 박사는 이렇게 말한다.

"아이의 수면리듬과 수면습관을 일치시켜라. 그 타이밍을 맞출 수 있다면 아이는 결코 울지 않을 것이다."

그렇다면 그 방법은 무엇일까? 아이가 건강한 수면을 취하기 위한 네 가지 요소를 살펴보자.

1. 수면시간이 충분한가?
2. 낮잠을 잘 자는가?

3. 중간에 깨지 않고 잘 자는가?
4. 수면 스케줄에 맞게 재웠는가?

아이가 평화롭게 깊은 잠을 잘 수 있다는 것은 정말 중요한 일이다. 우선, 건강한 수면은 두뇌발달에 필수적이다. 지나치게 피로한 아이는 성인이 되어서도 만성피로에 시달린다고 한다. 뿐만 아니라 잠이 부족하면 스트레스에 대처하는 능력이나 인내심, 호기심, 열정 등도 부족해지기 쉽다.

아이들은 아주 조금만 수면이 부족해도 민감하게 반응한다. 밤잠이 아주 조금만 줄어도 신경질이 확 늘어난다. 성인들이 너무 피곤하면 오히려 잠을 제대로 이루지 못하고 뒤척이는 것과 같다. 피곤한 상태에서 잠든 아이들은 자다가도 깨어 울거나 짜증을 낼 확률이 높다. 이런 점에 주목한다면 자녀들의 인성교육은 건강한 잠에서 출발한다고 해도 과언이 아닐 것이다.

아이가 건강하게 잠들 수 있는 가장 중요한 요소는 '타이밍'이다. 그러므로 부모는 아이가 피곤해지기 전에 졸음이 오는 시점을 포착할 수 있어야 한다. 조금만 주의를 기울이면 곧 알아낼 수 있다.

태어난 지 수개월이 지난 아이들은 자는 것보다 부모와 노는 것을 더 좋아한다고 한다. 그렇지만 아이가 방실방실 웃는 모습에 자꾸 자극을 주고 놀아주다보면 다음 순서는 뻔해진다. 피곤에 지친 아이가 이유 없이 짜증을 내며 울기 시작할 것이다. 어떤 부모는 아이가 피곤할 때까지 놀아줘야 잠을 푹 잔다고 생각한다. 이것은 분명 위험한 발상이다. 아이가 극심한 피로감을 느끼면서 수면에 들어가는 것은 건강한 수면이라고 할 수 없다. 아이가 피곤해지기 전에 재우는 것이 중요하다는 사실을 명심하자.

미인은 잠꾸러기?
잠꾸러기가 미인이 된다

사람은 누구나 젊고 건강한 피부를 갖고 싶어한다. 피부만 건강해도 몇 살은 어려 보이는 것은 물론, 심지어 예뻐 보이기까지 한다. 대부분의 여성은 아기 피부를 보면 언제 내게 저런 피부가 있었는가, 다시 아기 피부로 돌아갈 수는 없을까 생각하기도 한다. 피부에 대한 로망은 비단 여성에게만 국한된 것이 아니다. 남성도 칙칙하고 주름지고 거친 피부 대신 탄력 있고 환한 피부를 선망한다. 하지만 자연의 섭리는 무시할 수 없는데다 스트레스, 자외선, 알코올, 니코틴 등의 외부 요소로 인해 피부는 더욱 급속도로 나빠진다.

그럼에도 피부 미인이 존재한다. 그녀들의 노하우는 대중의 관심사이며, 그녀들이 바른다는 화장품은 불티나게 팔린다. 재미있는 사실은 피부 미인이라 손꼽히는 사람들에게 그 비결을 물어보면

'충분한 수면'을 꼽는 경우가 많다는 것이다. 과연 이 말은 일리가 있는 것일까? 2015년 하반기 기대 이상의 돌풍을 일으킨 영화 〈인턴〉에서는 주인공 줄리의 부모님이 수면전문의로 나온다. 어머니가 전화를 걸어 자나 깨나 딸에게 하는 잔소리는 '제발 잠 좀 자라'는 말이다. 잠이 모자라면 비만 확률이 38퍼센트나 높아진다는 말을 덧붙이면서 말이다.

의학적으로 본다면 피부는 낮 동안 외부로부터 몸을 공격하는 각종 침입자를 막아내고, 자외선으로 인한 손상으로부터 수분증발을 막기 위해 바쁘다. 이렇게 낮 동안 고생한 피부는 잠을 자면서 회복하고, 새로운 세포를 만들며 성장시킨다. 그러니 피부 미인들이 하는 말은 의학적으로 충분히 일리 있는 이야기인 것이다. 우리 역시 잠을 푹 자고 일어난 날 아침에는 화장도 잘 먹고 얼굴에 생기가 도는 것을 스스로 느낄 수 있다. 반대로 잠을 제대로 자지 못한 다음날엔 화장이 잘 먹지 않고 피부가 푸석푸석해진 느낌이 든다.

실제 연구 결과도 수면이 건강한 피부에 도움이 된다는 사실을 보여준다. 한 연구에서 수면의 질이 나쁘고 총 수면시간이 5시간 미만인 여성 30명과 수면의 질이 좋고 수면시간이 7~9시간인 여성 30명의 피부건강 정도를 비교했다.[12] 그랬더니 질 좋은 잠을 자는 사람들은 더 양호한 피부노화 점수를 얻었고 수분손실도 더 낮게 나타났다. 또 테이프를 피부에 붙였다가 뗀 후 그 회복 정도를 조사한 결과, 질 좋은 잠을 자는 사람들은 질 나쁜 잠을 자는 사람들에 비해 30퍼센트나 더 빨리 회복되는 것으로 나타났다. 본인의 외모에 대한 매력 점수 역시 질 좋은 잠을 자는 사람들이 더 높았다.

또다른 연구에서는 5일 동안 권장시간보다 2시간 정도 적은 6시간만 잠을 자게 한 후 주름, 모공, 갈색 반점과 붉은 반점의 수를 측정해보았다. 그 결과 잔주름과 깊은 주름의 양은 2배 정도 증가했고, 다크서클과 갈색 반점은 약 4분의 3 증가한 것으로 나타났다.[13] 만약 수면부족현상이 몇 주간 더 계속된다면 주름이나 반점은 더 심해질 것이고 피부노화와 영구적인 피부퇴색까지 올 수 있다고 연구진은 경고했다. 또한 수면부족은 코르티솔 수치를 높여 염증성 증상을 악화시키고, 콜라겐 형성을 방해해 피부노화로 이어지게 할 수 있다고 한다.

수면시 분비되는 성장호르몬도 피부를 좋게 만들어주는 큰 요인 중 하나다. 성장호르몬은 성장기에는 뼈의 길이 성장과 근육의 증가 등 주로 성장을 돕는 활동에 쓰이다가, 성장이 끝난 후에는 세포를 재생시키고 골밀도를 높이며 근력을 증가시킨다.[14] 흔히 성장호르몬 하면 청소년의 성장과만 관련 있다고 여기기 쉬운데, 성인의 세포 재생에도 없어서는 안 되는 것이 바로 이 호르몬이다. 성장호르몬이 분비되는 시간은 밤 10시에서 새벽 2시 사이다. 이 시간대는 보통 수면시간의 초반에 해당한다. 수면 초반에는 3단계의 깊은 수면이 나타나는데, 이때 성장호르몬이 분비되므로 깊은 잠을 이루지 못하면 이 호르몬의 마법을 경험할 수 없다.

잠을 더 많이 자면 피부가 더 좋아지지 않을까 생각할 수도 있겠다. 그러나 너무 많이 자면 충분한 잠을 자지 못한 것과 마찬가지로 피부에 해롭고, 피부세포 분열을 증가시킬 수도 있으니 적정 수면시간을 지키는 것이 중요하다. 규칙적인 수면습관을 갖는 것, 기상시간을 되도록 일정하게 정하고 적정 수면시간을 지키는 것이 피부 미인이 되기 위한 절대 법칙이다. 그 외에도 피부 미인이 되는 데 도움이 되는 몇 가지 팁을 전한다.

1. 자신에게 맞는 높이의 베개를 사용하고, 부드럽고 수분흡수가 잘되는 커버 사용하기.

목의 주름은 누운 자세에 따라 더 펴질 수도 있고 더 심해질 수도 있다. 만약 너무 높은 베개를 사용하면 목이 앞으로 숙여지면서 주름이 생긴다. 이 상태로 매일 밤, 여러 해 동안 잔다면 주름은 셀 수 없이 늘어난다.

예전의 기생들은 목주름을 방지하기 위해 베개 없이 잠을 잤다고 한다. 단지 주름만을 생각한다면 효과가 있겠지만, 머리가 심장보다 더 아래에 놓이면 혈액의 흐름이 원활하지 않게 되고 얼굴이 붓는 원인이 될 수 있다. 그러니 너무 높지도, 너무 낮지도 않은 본인에게 맞는 높이의 베개를 선택하는 것이 좋다.

베개의 높이 못지않게 침구의 소재 또한 중요하다. 침구가 너무 거칠거나 딱딱하면, 민감한 피부를 가진 사람은 피부 자체에 문제가 발생하거나 이물감으로 인해 잠을 방해받을 수 있으니 피하도록 한다.

2. 천장을 보는 자세로 자기.

잠을 잘 때 주로 옆을 보고 자거나 엎드려 자는 사람은 머리의 무게가 얼굴에 쏠려 주름이 더 많이 생길 수 있다. 얼굴의 베개 자국이 나이가 들면 주름으로 바뀌기 때문이다. 얼굴에 베개 자국이 있다는 것은 얼굴에 체압이 가해졌다는 뜻이고, 이것이 반복되면 주름이 된다.

특히 엎드려 자는 사람은 미용 면에서뿐만 아니라 척추, 관절 등의 건강에도 나쁜 영향을 줄 수 있으니 피하는 것이 좋다. 가능하면 천장을 보고 잠을 자도록 습관을 들이고, 이미 옆으로 자거나 엎드려 자는 수면자세가 습관이 되었거나 여러 요인으로 인해어쩔 수 없이 이러한 자세로 자야 한다면 수면 보조용품을 이용해 체압이 집중되지 않도록 하는 것도 하나의 방법이다.

3. 잠자기 전 물 한잔, 기상 후 물 한잔 마시기.

수면 초기에 깊은 잠이 들기 위해서는 체온이 떨어져야 한다. 하루 주기의 체온리듬에 따라 밤 10시경부터 자연스럽게 체온이 떨어지지만, 깊은 잠을 자기 위해서는 더 빨리 체온이 떨어져야 한다.

이 과정을 도와주는 것이 바로 땀이다. 땀을 흘리면 피부에서 땀이 증발하면서 체온도 떨어지고 노폐물도 제거하여 피부도 촉촉하게 해준다. 다만 수분손실은 낮보다는 밤에 더 많아지니 이에 대비해 미리 수분을 보충해주어 충분히 땀을 흘릴 수 있도록 해야 한다. 이는 기상 후에도 마찬가지다. 잠자는 동안 빼앗긴 수분을 아침에 보충해주어야 촉촉한 피부를 유지할 수 있다.

베개 선택이 수면의 70퍼센트를 결정한다

1924년 남아프리카에서 발굴된 오스트랄로피테쿠스 화석의 머리 아래에는 돌이 하나 놓여 있었다. 아직까지 그 돌이 실생활에서 어떻게 사용되었던 것인지 정확하게 밝혀지진 않았지만, 그것이 베개가 아니었겠는가라는 추측은 상당한 설득력을 지닌 채 학계에서 논의 중이다. 만약 그것이 정말 베개로 사용되었다면 100만 년 전부터 베개가 있었다는 사실을 알려주는 증거가 된다.

사람들은 처음에 어떻게 베개를 쓰게 되었을까? 아마 처음에는 팔을 베개 삼아 잠을 잤을 것이다. 그러나 팔이 저려 오래 벨 수 없으니 초목이나 돌을 사용했던 것으로 짐작된다. 베개를 베어야 숙면을 취할 수 있다는 사실을 인간이 본능적으로 알고 있었던 것이 아닌가 싶다.

사람만 베개를 베고 자는 것은 아니다. 동물도 베개를 사용한다. 기린은 잠을 잘 때 긴 목을 돌려 엉덩이를 베고 자며, 원숭이는 사람처럼 팔베개를 하고 잔다. 사자와 같이 무리생활을 하는 고양잇과 동물은 몇 마리가 서로의 몸에 기대 이른바 몸베개를 하고 잔다. 맹수들은 사로잡은 사냥감을 먹어치운 뒤 사체를 베고 자기도 한다.

바다표범은 사로잡은 바다거북을 베고 잠을 잔다. 숙면을 취하기 위해서 사람뿐 아니라 동물도 베개를 활용하는 것이다.

다시 인간의 베개로 돌아와서, 우리가 본격적으로 푹신한 쿠션형 베개를 사용하기 시작한 것은 12세기 십자군원정 이후부터다. 유럽인의 원정지였던 아랍 지역에서는 동물의 털이나 면을 넣은 부드러운 쿠션을 만들어 낮에는 기대거나 깔고 앉는 용도로, 밤에는 베개로 사용했다. 그것을 본 유럽인은 훨씬 안락하게 잠을 잘 수 있음을 알고는 그때부터 쿠션형 베개를 베고 자기 시작했다.

역사 속 사람들도 모두가 편안한 잠을 위해 고민했고, 그러면서 '베개'라는 놀라운 도구를 만들었다. 그런데 베개가 중요한 이유는 단지 편안하게 잠을 잘 수 있기 때문만이 아니다. 베개는 의학적으로도 매우 중요한 역할을 한다. 사람은 잠을 잘 때 보통 누운 상태로 6, 7시간을 보낸다. 특히 나이가 들면 뒤척임이 현저하게 줄어들면서 한 자세로 누워 있는 시간이 늘어난다. 누워 있는 시간이 길어지면 척추나 경추(목뼈) 등에 큰 부담이 되어 각종 통증을 동반한 이상증세와 디스크까지 우려되는 상황이 발생한다. 베개는 우리 몸의 무게가 목이나 허리로만 쏠리는 현상을 막아주는 매우 중요한 요소다.

자, 여기서 질문을 하나 해보자. 당신은 몇 개의 베개를 베고 자는가? 이 질문이 이상하게 들릴 수도 있다. 머리가 하나이니 당연히 한 개의 베개를 베는 것이 아닌가 하는 생각이 들 것이다. 그렇다.

대부분의 우리나라 사람은 1인 1베개를 쓴다. 우리에게 베개의 용도는 단 하나, 잠잘 때 누워서 베고 자는 것이기 때문이다. 베개를 들고 거실로 나오거나 그것에 기대어 앉아 있으면 어른들은 예의가 없다고 혼을 낸다. 잠을 잘 때 쓰는 물건이기에 그 외의 용도로 쓰면 예의에 어긋난다고 생각한다.

반면 유럽이나 미국 등 서구에서는 침대에 베개를 두세 개 놓는 경우가 대부분이다. 서양 영화를 보면 푹신한 베개를 여러 개 놓고 비스듬히 누워 책을 읽거나 영화를 보고 연인끼리 감미로운 대화를 나누는 장면이 자주 나온다. 잠자리에서 뭔가를 한다는 것은 수면을 방해할 수 있어 좋은 습관은 아니지만, 수면에 방해되지 않는 정도의 간단한 행위는 잠드는 데 도움을 줄 수 있다. 침대에 익숙한 유럽인이나 미국인은 침대를 잠자는 용도 외에 휴식을 취하는 용도로도 사용하기에 항상 베개를 두 개 이상 준비한다.

베개는 꼭 한 개만 사용해야 한다는 고정관념을 버려야 한다. 내가 주로 베고 자는 메인 베개가 있다고 하더라도, 목의 각도를 조절해줄 수 있는 베개, 책을 읽을 때 받쳐줄 수 있는 베개, 몸이 불편한 날 다리에 끼우고 잘 수 있는 베개, 옆으로 누울 때 도와주는 베개 등 몸상태에 따라 편안한 수면자세를 만들어줄 보조 베개를 함께 두면 더욱 편안한 잠을 잘 수 있다. 이브자리 수면센터점의 백혜영 대표는 베개를 5개나 가지고 있다. 자기 전에 자신이 어떤 컨디션인지 파악하고 그날에 맞는 베개를 선택하는 것이다.

우리는 하루의 3분의 1을 잠으로 보낸다. 그래서 편안하고 품질

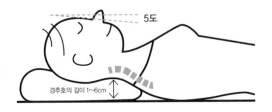

5도

경추호의 깊이 1~6cm

[베개 선택시 주의사항]

좋은 베개를 사용하여 안락한 휴식을 취하는 것은 필수적이다. 자신의 생활방식을 잘 분석하여 거기에 맞는 베개와 쿠션을 준비하는 자세가 필요하다. 베개를 여러 번 바꿔봤지만 딱 맞는 것이 없다고 이야기하는 사람이 많다. 그것은 어떤 베개가 좋은지에 대한 명확한 기준이 없고, 자신의 신체상황을 정확하게 파악하지 못한 채 다른 사람이 좋다고 하니 무턱대고 구입해서 그런 경우가 많다. 또 매트리스나 깔고 자는 요는 전혀 고려하지 않은 채 베개만 샀다가 높이가 맞지 않아 불편한 경우도 많다. 숙면의 70퍼센트를 결정한다고 해도 과언이 아닌 베개를 선택할 때 어떤 조건들을 따져야 하는지 찬찬히 살펴보고, 그 기준에 맞추어 베개를 선택해보자.

1. 베개의 선택 조건.

시중에 다양한 소재와 모양의 베개가 판매되고 있으나, 가장 좋은 베개는 자신의 몸에 맞는 것이다. 가장 이상적인 베개는 자신의 목과 머리의 자연적인 곡선을 유지할 수 있는 높이와 모양을 갖춘 것이다.

일반적으로 베개 선택은 '높이'가 포인트다. 지금 사용하는 베개가 자신에게 잘 맞는지 확인하는 방법은 베개를 베고 누웠을 때 적당한 힘과 탄성으로 목을 받쳐주고 머리에서 어깨까지 라인이 자연스럽게 형성되는지 체크하는 것이다.

2. 베개의 선택 기준.

가장 이상적인 수면자세는 기도의 각도는 호흡이 편안한 정도를 기준으로 하고, 목을 지지해주는 높이, 즉 경추의 높이는 서 있는 자세를 그대로 유지하는 정도면 적당하다.

서 있는 자세의 경추 곡선을 그대로 유지하기 위해서는 요와 닿는 어깨를 중심으로 경추 7번과 뒤통수의 높이, 경추 7번과 뒤통수의 거리를 측정한다. 경추 7번 높이, 뒤통수 높이, 경추 7번과 뒤통수의 거리, 이 3개의 측정 포인트를 기준으로 적당한 높이와 크기의 베개를 선택하면 된다.

3. 베개 선택시 함께 고려할 것.

사람마다 자는 자세도 제각각이고, 자면서 뒤척이기 때문에 베개를 선택할 때는 바로 누운 자세와 옆으로 누운 자세 양쪽 모두를 고려해야 한다.

또 간과하기 쉬운 것이 매트리스다. 요즘은 베개 구입시 매장에서 경추를 측정해 딱 맞는 베개를 골라준다. 하지만 집에 가서 베면 안 맞는 경우가 가끔 있는데, 깔고 자는 요나 매트리스 때문에 베개의 높이가 변해서 그런 것이다. 옆으로 잘 경우 베개뿐 아니라 요나 매트리스도 중요하다. 너무 딱딱한 요나 매트리스에서 옆으로 누우면 어깨에 높은 압박이 가해지기 때문에 어깨결림의 원인이 된다. 따라서 베개를 선택할 때는 가능한 한 현재 사용하는 요의 단단한 정도에 맞춰서 골라야 한다.

4. 베개 선택시 주의점.

베개는 가능한 한 베어보고 선택하는 것이 좋다. 옷이나 신발을 구매할 때 입어보고 신어보는 것과 같은 이치다. 직접 베어봐야 자신의 체형에 맞는지 알 수 있다. 목을 적당한 높이로 지지하는지, 그래서 기도가 편안한 상태를 유지하는지 체크해봐야 한다. 또 체험시에는 침대나 요의 단단함도 고려해야 하는데, 가능한 한 현재 사용하는 제품과 유사한 정도를 기준으로 해야 한다.

5. 베개 관리.

미국의 건강잡지 『멘스헬스』는 노스캐롤라이나 주립대학 롭 던 교수의 조사를 인용해 '당신의 베개에 서식하고 있는 가장 역겨운 미생물'에 대해 경고했다. 바로 베개에 기생하는 집먼지진드기를 말하는 것이다.

어느 집이나 침실에 진드기가 있기 마련이지만 특히 베개는 더 주의해야 한다. 진드기의 먹이가 되는 온갖 비듬과 각질이 베개에 쌓여 있기 때문이다. 어둡고 따뜻할 뿐 아니라 먹이까지 풍부한 베개는 집먼지진드기의 이상적인 서식지다. 이 작은 미생물은 침실이나 베개에서 먹고 배설하며 일생을 즐기다가, 머리를 뉘인 베개 위에서 번식하고 죽는다. 진드기의 사체와 배설물은 천식이나 알레르기를 일으키는 주범이 되니, 반드시 정기적으로 베개를 햇볕 아래에 말리고 가능하면 진드기 제거 청소를 하는 것이 좋다.

어떤 잠옷을 입고 자는가

"밤에 뭘 입고 자나요?"

한 기자의 짓궂은 질문에 메릴린 먼로는 이렇게 대답했다.

"샤넬 넘버 5(향수)입니다."

메릴린 먼로의 이 에피소드는 아직까지도 사람들의 입에 오르내릴 정도로 유명하다. 짓궂은 질문을 위트 있게 받아넘긴 것을 보면 그녀는 역시 달라도 뭔가 달랐다. 이 대답과 더불어 그녀가 약물 과다복용으로 사망해 발견되었을 당시 알몸상태였던 사실을 떠올려보면 그녀는 나체수면을 했을지도 모른다. 만약 그랬다면 그녀는 수면에 대해서 꽤나 잘 알고 있었던 것 같다. 나체수면이 의학적으로 미용에 효과가 있다는 발표가 있기 때문이다.

잠을 잘 때 침실에서 고려해야 하는 온도가 세 가지 있는데, 첫번째는 보일러나 에어컨 등으로 조절하는 실내온도, 두번째는 요나 이불과 같은 침구로 조절하는 침상온도, 세번째는 잠옷과 같은 의복온도다. 첫번째와 두번째는 보통 신경을 많이 쓰지만, 마지막은 잘 고려하지 않는 부분이다. 매우 중요한데도 말이다.

의복온도는 의복과 피부 틈새에서 형성되는 온도나 습도를 말하는데, 가장 쾌적한 상태는 의복을 착용했을 때 피부체온이 32도, 피부습도는 50퍼센트 수준을 유지하는 것이다. 옷을 입었을 때 피부체온이 32도가 좋은 이유는 몸속 온도보다 조금 낮은 상태로 유지하는 것이 수면시 체온변화에 대응하기가 용이하기 때문이다. 그렇다면 메릴린 먼로처럼 나체수면이 좋다고 하는 이유는 뭘까?

바로 '레이리현상' 때문이다. 프랑스의 학자 레이리가 밝힌 이 현상은 속옷이 체온조절과 혈액순환을 방해할 뿐만 아니라, 보온효과도 없다는 주장이다. 레이리는 속옷의 고무줄이 몸을 자극하고 압박해 하반신의 혈액순환에 악영향을 준다고 설명했다. 에든버러 수면센터의 크리스 이드지코우스키 박사는 몸속 심부체온이 새벽 4시경 가장 낮아지는데 이때 체온이 낮아지지 못하면 뇌가 잠에서 깨게 된다고 이유를 설명했다. 옷을 입고 있으면 수면중 옷을 벗기가 어려우므로 당연히 체온조절이 힘들어진다.[15]

하지만 알몸으로 자는 나체수면이 모든 사람에게 좋은 것은 아니다. 수면중 땀을 많이 흘리는 사람은 땀이 마르면서 새벽녘 저체온증에 빠져 감기에 걸릴 가능성이 있으므로 옷으로 몸을 따뜻하게 유지하는 편이 좋다. 또 손발이 차거나 하지불안증후군이 있는 경우에도 속옷이나 잠옷을 입어서 보온에 신경쓰는 것이 좋다.[16]

사실 알몸으로 자는 일은 쉽지 않으므로(늘 속옷을 입고 있기 때문에 벗으면 오히려 불편함을 느낀다) 가장 좋은 것은 실내온도를 10~26도로 유지하고 몸을 압박하지 않는 잠옷을 입어 최적의 온도를 만든 후 자는 것이다. 잠옷은 여름에는 통기성과 흡습성이 좋고 몸에 잘 들러붙지 않는 소재를 선택하고, 겨울에는 보온이 중요하므로 촘촘하고 두께가 있는 소재를 선택한다. 또 아무리 잠옷을 잘 골랐다고 하더라도 수면중 외부 온도나 몸속 온도가 변하기 때문에 입고 벗기 불편한 잠옷은 가급적 피하는 것이 좋다.

잠잘 때만큼은 누군가의 시선을 의식할 필요가 없으니 아무 옷이나 입어도 된다고 생각하기 쉬우나, 다음날의 활력 있는 하루를 위해서 무엇보다 신경써야 할 것이 잠옷임을 잊지 말아야 한다. 신사동의 꽤 유명한 장어집에는 오는 손님들을 유쾌하게 만드는 직원이 한 명 있다. 그녀는 궂은 식당일을 하면서도 발랄하고 넉살 좋게 손님들의 비위를 맞추며 식당에 활력을 더한다. 한번은 이 직원과 이야기를 나눌 기회가 있었는데 '대체 그 에너지는 어디서 나오느냐'고 묻자 뜻밖의 대답이 돌아왔다.

"저녁 늦게까지 일해서 피곤하기는 하지만 자고 일어나면 개운해

져요. 전 잘 때 입는 옷과 덮는 이불에는 투자를 많이 하는 편이거든요. 친구들도 와서 보고 깜짝 놀랄 정도예요. 전 외출할 때 입는 옷은 대충 입어도 되지만, 잘 때 입는 옷은 제일 좋은 것을 입어야 한다고 생각해요."

작은 체구로 감당하기 어려운 식당 일에도 그녀가 늘 밝은 웃음과 활력을 유지할 수 있었던 비결은 바로 잠옷과 침대에 있었다. 남에게 보이는 옷은 최고를 입으면서 정작 나를 위한 침구에는 투자하지 않는 태도, 이제는 바꿔야 하지 않을까? 우리는 좋으나 싫으나 인생의 3분의 1을 침실에서 보내는데 말이다.

몸은 뒤척임으로
신호를 보낸다

몇 년 전 한 중견기업의 CEO가 해외출장을 갔다가 유명을 달리하는 사고가 있었다. 평소 검소하기 이를 데 없었던 고인은 출장을 갈 때면 늘 이코노미석을 고집했는데 워낙 장시간 이동이 많았던 탓인지 비행기에서 내린 뒤 사망했다. 사람들은 그가 '이코노미클래스 증후군'으로 세상을 떠났다며 안타까워했다.

이코노미클래스 증후군은 비좁고 한정된 공간에서 장시간 다리를 비롯한 몸을 자유롭게 움직이지 못해 혈액순환이 저하되고, 결국 다리정맥에서 발생한 혈전이 폐를 비롯한 다른 장기로 전이돼 문제를 일으키는 질환을 말한다. 일반적으로 이코노미석에 장시간 앉아 있을 때 많이 발생한다고 해서 붙여진 이름으로, 최악의 경우 혈전이 폐혈관을 막아 폐색전증을 일으켜 생명을 위협하기도 한다. 의학적으로는 '심부정맥혈전증deep vein thrombosis'이라고 한다.

세상에서 가장 나쁜 자세는 앉아 있는 것도 서 있는 것도 삐딱하게 서 있는 것도 아닌, '장시간 같은 자세'로 있는 것이다. 이코노미 클래스의 비행 못지않게 오랜 시간 같은 자세로 있어야 하는 수면도 그래서 자세가 중요하다. 수면중 무의식적으로 움직이며 밤새 뒤척이는 이유도 같은 자세를 계속 유지하는 것이 불편하고 위험하기 때문이다.

보통은 뒤척임이 수면을 방해하거나 좋지 않은 수면을 취할 때 나타나는 현상이라 생각하기 쉬운데, 사실 뒤척임은 몸의 문제를 알려주는 신호이다. 자면서도 몸 어딘가가 불편하기 때문에 그 불편함을 해소하기 위해 무의식중에도 몸을 움직인다. 일반적으로 사람은 잠을 잘 때 20~30회 정도 뒤척인다고 알려져 있는데, 만약 뒤척이지 않는다면 문제가 생긴다. 그렇다고 너무 많이 몸을 뒤척인다면 그것도 문제다. 지나치게 많이 움직인다면 수면환경에 문제가 있을 수 있으니 불편한 요소가 무엇인지 찾아내야 한다. 그렇다면 우리가 뒤척이는 이유에는 어떤 것이 있을까?

1. 체온이 떨어져야 잠을 잘 잔다.

잠을 잘 때 체온은 평소보다 0.5도에서 1도 정도 내려가야 한다. 만약 한 자세로 오래 누워 있으면 요나 이불과 닿는 부위에서 열이 발생하고, 그 열이 제대로 빠져나가지 않아 체온이 올라가는 현상이 생긴다. 이렇게 수면중 체온이 올라가면 각성효과가 일어나 수면의 질이 나빠지는 결과를 낳는다. 몸의 뒤척임은 바로 이불과 닿는 몸의 부위를 바꿈으로써 체온을 조절하기 위한 것이다. 따라서 체온의 측면에서 본다면 뒤척임 덕분에 숙면을 취할 수 있다고 봐야 한다.

뒤척임은 나이에 따라 다르게 나타난다. 성장기에는 뒤척임이 활발하다가 나이가 들면서 줄어든다. 건강과 체력에 비례하는 것이다. 어린아이들이 잘 때 뒤척이는 정도를 생각해보라. 방 이곳저곳을 굴러다니며 자지 않는가. 반면 나이가 들거나 몹시 피곤한 상태가 되면 뒤척임이 줄어들어, 자고 나서 허리나 어깨가 아픈 현상이 나타난다.[17]

2. 몸은 한 부위만 압박하는 것을 싫어한다.

사람마다 수면자세는 제각각이다. 바로 자는 사람도 있고, 옆으로 자는 사람도 있고, 엎드려 자는 사람도 있다. 자기 몸에 맞는 자세로 자야 하지만, 한 자세로 너무 오래 누워 있으면 몸의 특정한 한 부위 또는 여러 부위가 지속적·반복적으로 압력을 받게 된다. 압력을 받는 부위는 혈액순환이 원활하게 이루어지지 않아 압박감, 저린 느낌 등의 불편함을 느끼게 되고, 이 압박이 계속된다면 욕창(압박궤양)이나 이코노미클래스 증후군 같은 증상이 나타날 수 있다. 모두 장기간 혈액이 정체되고 혈액순환문제 때문에 발생하는 증상이다.

3. 이불, 베개, 매트리스 등 내게 맞는 것을 쓰고 있는가.

밝기, 소음, 온도, 습도, 이불, 베개, 매트리스 등 다양한 수면환경 요인이 뒤척임에 영향을 준다. 쉽게 잠들고 안정된 수면을 유지하기 위해서는 침실은 어두워야 하고 조용해야 한다. 침실의 온도는 너무 덥지 않게 해야 하는데 20도 내외로 약간 서늘한 편이 좋다.

몸에 직접 닿는 이불이나 베개, 매트리스 등 침구도 편안한 수면에 매우 중요한 역할을 한다. 각자의 침실환경이나 계절에 따라 이불, 베개, 매트리스의 소재·무게·보온성·흡습성 등을 고려해서 가능한 한 몸에 불편한 자극을 주지 않는 제품을 사용해야 뒤척임을 줄일 수 있다.

4. 뒤척임은 수면질환의 신호일 수도 있다.

잠자리에서 뒤척임을 유발할 수 있는 수면질환은 여러 가지가 있는데, 그중 대표적인 것이 불면증과 코골이 및 수면무호흡증이다. 불면증은 걱정, 불안, 스트레스, 잘못된 수면습관, 기타 다양한 원인으로 인해 지나치게 각성상태가 높아져 잠들기 어렵거나 과하게 일찍 깨어나는 질환을 말한다. 불면증의 경우 쉽게 잠들기가 어렵기에 이런저런 생각이나 수면자세와 관련한 요인들로 인해 뒤척임이 발생할 수밖에 없다.

코골이 및 수면무호흡증도 뒤척임의 원인이 된다. 자면서 호흡장애가 발생하면 이에 대한 방어작용으로 몸을 깨우는 각성현상이 일어나는데, 이때 좀더 숨쉬기 편한 자세로 움직이려는 뒤척임이 나타난다.

인사동 화랑계의 유명 인사인 이순심 갤러리 나우 대표. 그녀는 늦게나마 자기 몸의 신호를 파악하고 수면방식을 바꿔 지금의 체력을 유지하며 변화된 삶을 살아가고 있다. 그녀는 자신의 과거에 대해 이렇게 말한다.

"저는 언제나 잠에 들면 새벽 3시에 일어났어요. 심지어 1시에 자도 그때 일어났어요. 그래서 저는 선천적으로 제가 잠을 적게 자는 것으로 생각했어요. 그런데 어느 날 바쁘게 거래처로 가다가 지쳐서 편의점 앞 의자에 앉았는데 도저히 일어날 힘이 없는 거예요. 그때 알았어요. 마치 배터리가 떨어지듯 내 체력이 완전히 방전되어버렸다는 것을요."

이유를 찾아보던 이대표는 자신이 사업에 대한 신경과민으로 인해 수면을 무의식적으로 멀리해왔고, 그것 때문에 밤중 뒤척임이 잦아 의도치 않게 짧은 수면시간을 유지하고 있었다는 사실을 알아냈다. 그날로 삶의 우선순위를 '잠'으로 바꿨고 지금은 건강과 활력을 되찾았다.

몸은 문제가 생기면 반드시 신호를 보내온다. 내 몸의 뒤척임이 적당한지, 지나치다면 어딘가 문제가 생긴 것은 아닌지, 늘 주의와 관찰이 필요함을 잊지 말아야 한다.

편안한 잠을 부르는 이불과 매트리스 고르기

일본의 수많은 검객 중에서도 단연 1순위로 꼽히는 미야모토 무사시. 그는 16세기 일본의 제1무사로 13세의 어린 나이에 무사의 길에 접어들어 일평생 60여 차례의 결투에서 단 한 번도 패배한 적이 없었다. 그가 태어난 1582년은 전쟁이 끊이지 않았던 군웅할거의 시대로 그의 불패신화는 국민적 영웅으로 추앙받기에 충분한 것이었다. 그런 그에게 당연히 승리의 비결을 묻는 후배 무사들이 많았는데 그는 후배들에게 이렇게 충고했다.

"절대 하나의 무기만을 애용하지 마라."

보통 무사들은 강력한 상대를 만났을 때 한번에 제압하고자 가장 자신 있는 비기만을 골라 갈고닦기 마련이다. 그런데 무사시는 이것이야말로 패배의 원인이라고 꼬집었다. 이유는 "하나의 무기만을 쓰는 무사는 얼마든지 예측이 가능하기에 언젠가는 반드시 필패한다"는 것이다.

수면의 측면에서 그의 조언은 일맥상통한다. 예전에야 삶의 환경이 좋지 않았고, 잠에까지 신경쓸 여유가 없었지만, 지금은 수면에 크게 도움이 되는 침구가 시중에 많이 나와 있어 어떤 무기를 어떻게 쓰느냐에 따라 밤의 승부가 달라질 수 있다. 연전연승을 할 수도 있고 연전연패를 할 수도 있다. 그렇다면 승부를 가를 무기에는 어떤 것들이 있을까? 그리고 그것들을 어떻게 활용해야 하는 것일까?

1. **이불**: 이불은 몸에 직접 닿는 제품이므로 보온성이 좋고 땀을 잘 흡수하고 가벼워야 한다. 즉 보온성, 흡습발산성, 경량성을 검토해야 한다. 보온성은 자는 동안 체온을 일정하게 유지해주어야 하니 필요한 것이고, 흡습발산성은 성장호르몬이 가장 많이 분비되는 수면 초반에는 땀을 많이 흘리기 때문에 수분흡수를 위해 중요한 것이다. 경량성은 몸이 느끼는 이불의 무게인데, 어떤 사람은 묵직한 느낌이 들어야 잠을 푹 잘 수 있다고 하지만, 몸과 건강을 생각하면 신체부담이 적은 가벼운 이불이 좋다. 이불이 몸에 얼마나 잘 밀착되는지도 중요하다. 아무리 이불의 기능이 좋아도 몸을 감싸는 정도가 나쁘면 숙면을 취할 수 없다.

쾌적하게 잠을 자기 위한 이불 속 온도는 33도, 습도는 50퍼센트가 적당하다. 통상 체온은 36도에서 36.5도 정도이니 피부체온은 32도 정도가 된다. 따라서 침구가 따뜻하게 느껴지는 온도, 즉 체온과 평형이 되는 상태는 32, 33도다. 체온은 잠들기 전부터 서서히 낮아지기 시작해 1, 2도가량 낮아졌다가, 각성이 가까워지는 시점에 이르면 코르티솔 분비가 증가하는 것과 동시에 서서히 상승한다.

여름에는 습도조절을, 겨울에는 보온성에 더 무게를 두고 이불을 골라야 한다. 열대야에는 습도가 70~80퍼센트까지 올라가는데 가장 깊은 수면단계에서는 땀도 많이 흘리니 이 땀을 흡수하고 통풍이 잘되는 소재의 이불을 찾아야 한다. 겨울에는 춥다고 두꺼운 이불을 찾지만, 기본적으로 체온이 내려가야 숙면을 취할 수 있으니 지나치게 두꺼운 이불은 좋지 않다. 이불이 너무 두꺼우면 체온을 방출하지 못하게 해서 숙면을 방해하므로 자신의 체질에 맞게 이불의 두께를 선택한다. 전기담요 등을 사용하면 몸이 찌뿌둥하게 느껴지는 것도 외부로부터 열이 더해져 심부체온이 내려가지 않기 때문이다. 따라서 전열기구를 꼭 사용해야 한다면 잠들기 전 온도를 내리는 것이 좋다.

2. 요(바닥)/토퍼, 매트리스(침대): 편안한 잠자리를 만들기 위해서는 이불만큼 요도 중요하다. 요는 척추의 S자 곡선을 바른 자세가 되도록 지지하고, 압력을 분산하여 신체에 가해지는 압박감을 줄이며, 땀을 흡수·방출하고, 바닥의 냉기를 방지하는 등 다양한 역할을 한다.

이상적인 수면자세는 서 있는 자세 그대로 누워 있는 것이라고 한다. 서 있을 때 척추는 완만한 S자 곡선을 이루는데, 이 S자 곡선 자세를 수면시에도 유지해야 한다. 그런데 만약 매트리스가 너무 푹신해서 허리 부분이 꺼져 V자형이 된다면 요통의 원인이 된다. '단단한 매트리스나 요가 허리에 좋다'는 말은 허리의 S자 곡선을 유지할 수 있음을 강조한 것이다.

체압분산 역시 중요하다. 통상 사람은 가슴과 허리에서 몸 전체의 80퍼센트에 가까운 체중을 받는다. 그 상태로 딱딱한 매트리스 위에서 자면 특정 부위에 체중이 집중된다. 이 상태가 계속되면 그 부분에 울혈(鬱血, 어떤 국소의 조직 내에 정맥의 피가 몹시 심하게 증가되는 상태)이 일어난다. 따라서 가장 좋은 매트리스는 뒤척임이 쉬운 '적당한 단단함'을 가진 것이라 할 수 있다. 메모리폼과 같은 저반발 매트리스를 사용하면 몸의 하중이 분산되는 효과가 있지만 뒤척임이 어려워진다. 특히 겨울에는 여름보다 메모리폼의 부드러운 특성이 줄어들어 뒤척이기가 더욱 힘들다. 체압분산이 좋은 저반발 우레탄은 요통에 좋다는 의견과 나쁘다는 의견이 극단적으로 갈린다. 체압분산과 뒤척임은 상반된 요소이므로 자신의 몸에 무엇이 더 필요한지 파악한 뒤 매트리스를 선택하는 편이 좋다.

요의 선택에 있어 하나 더 중요한 것은 내구성이다. 체중을 매일 7, 8시간 지지해주는 요는 강한 압박을 받는다. 따라서 요의 솜이 꺼지는 현상을 피할 수 없지만, 단시간에 꺼지면 문제가 된다. 가능한 한 내구성이 좋고, 장기간 품질을 유지할 수 있는 요를 선택하는 것이 중요하다.

마지막으로 한 가지 더. 이상적인 침실은 소음이 적고, 빛이 차단되어 있으며, 습도와 온도가 적당하고, 침구가 잘 갖추어진 곳이다. 하지만 현실적으로 그렇게 완벽하게 갖추어진 침실을 만들기란 굉장히 어렵다. 아니, 이상적인 침실환경은 영원히 주어지지 않을지도 모른다. 온도조절이 완벽하고, 값비싼 매트리스와 이불이 갖춰진 곳에서, 누구의 방해도 없이 홀로 고요히 잠을 자는 꿈같은 침실이 도대체 언제 주어지겠는가.

이상적인 침실은 존재하지 않는다. 하지만 '노력하는 침실'은 존재한다. 편안하고 안락하게 잠을 잘 수 있도록 수면환경 등을 하나씩 바꾸며 노력해야 한다는 뜻이다. 편안한 잠자리를 위한 공간은 어느 날 뚝딱 만들어지지 않는다. 오늘은 암막 커튼으로 바꿔보고 내일은 베개를 더 좋은 제품으로 바꿔보며 하나씩 하나씩 자신에게 맞는 최적의 환경을 만들어가야 한다.

TIP

좋은 매트리스를 고르기 위한
ABC 체크리스트

코넬대의 제임스 마스 교수는 좋은 매트리스를 고르는 방법으로 ABC 체크리스트를 제시한다.

1. Age(연수): 매일 밤 매트리스를 사용한다면 수명은 8~10년 정도다. 그 이상 지나면 몸이 필요로 하는 탄성을 얻을 수 없으므로 교체해야 한다.[18]

2. Beauty(아름다움): 커버 없이도 아름다워야 한다. 주름이나 더러움, 터진 부분이 있지는 않은지, 표면이 울퉁불퉁하거나 휘고, 잠자는 부분이 움푹 들어가 있지는 않은지 살핀다. 보기에 좋지 않으면 잠자기에도 좋지 않다.

3. Comfort(쾌적함): 오래 신은 신발의 경우 기능이 떨어졌다는 사실을 잘 느끼지 못하는 것처럼, 매트리스도 마찬가지다. 가까운 침구점이나 백화점에 가서 새 매트리스에 누워보고 사용하는 매트리스와 비교해보자.

오리, 거위, 양, 어떤 이불이 좋을까

더운 여름, 호주에 갔을 때였다. 30도가 넘는 무더위가 기승을 부리고 있었는데, 옆의 유모차를 보니 안에 두툼한 양모가 깔려 있는 것이 아닌가. 한여름에 웬 양모냐고 생각했는데 알고 보니 호주에서는 보편적인 모습이었다. 양모는 겨울은 물론 여름까지 사시사철 이용하기에 좋은 소재다. 특히 습기를 흡수하는 흡습성과 수분을 잘 말려주는 수분발산성이 뛰어나서 여름에 쓰기에도 무리 없다. 실제 양모패드 같은 것을 깔고 있으면 통기가 잘되어 여름에도 무척 시원한 것을 느낄 수 있다.

세상에서 가장 보온성이 좋고 가벼운 침구소재는 무엇일까? 바로 공기다. 양모는 층과 층 사이에 공기를 함유해 체온이 외부 온도의 영향을 잘 받지 않게 한다. 따라서 양모를 덮고 자는 사람은 체온을 잘 빼앗기지 않고 외부 온도의 변화에도 몸이 보온된다. 또한 양모는 자기 무게의 무려 40퍼센트가량의 물을 흡수하는 것으로 알려져 있다. 양모는 천연소재이기에 가진 강점이 무척 많다. 그럼에도 불구하고 이불을 고를 때면 고민이 되기 마련이다. 오리털, 양털, 최근 떠오르는 거위털 이불까지 모두 자신이 가장 따뜻하며 겨울을 나기 위한 최고의 이불이라고 주장하니 말이다.

하지만 각각의 털이 어떤 장단점을 가지고 있는지 제대로 알고 이불을 선택하는 사람은 드물다. 이번 기회에 양모, 오리털과 거위털이 각각 어떤 특징을 가지고 있고, 우리는 어떻게 이불을 고르면 되는지 알아보자.

1. 양모: 몸에 해롭지 않으면서, 보온성과 흡습성(수분흡수), 수분발산성 등이 좋은 것으로는 양모가 첫손에 꼽힌다. 특히 양모는 겨울에 침실의 습도와 온도 유지를 도와주는 최적의 대안 중 하나다. 그 이유는 양모는 구불구불한 구조를 이루고 비닐 모양의 스케일로 싸여 있어 열전도율이 낮기 때문이다.

또한 양모는 층과 층 사이에 공기를 함유해 외부와 단절되게 만들어줌으로써 체온이 외부 온도에 영향을 받지 않도록 도와준다. 따라서 자는 동안 체온이 떨어지거나 외부 온도에 민감하게 반응하는 사람에게는 양모가 체온을 보존해주는 역할을 한다.

양모는 물을 잘 흡수하는 특징도 가지고 있다. 양모는 무려 자기 무게의 40퍼센트까지 물을 흡수할 수 있는 것으로 알려져 있다. 이는 면의 2배이고, 합성섬유의 약 40배에 달하는 수준이다. 또 주요 섬유 성분이 단백질인 케라틴으로 이루어져 있어 많은 수분을 흡수해도 축축해지지 않는다. 수면중 땀을 많이 흘리는 사람이라면 양모 이불을 추천한다.

다만, 한번 가라앉은 솜은 다시 회복되지 않고 물세탁이 불가능한 단점이 있다. 이를 보완하기 위해 양모를 코팅하거나 비늘 모양의 스케일을 없애 뭉침을 적게 하고 물세탁도 가능하도록 가공한 상품도 나오고 있다.

2. 오리털과 거위털: 침구에서도 가장 주목받는 이불 소재 중 하나가 바로 우모다. 우모란 거위털이나 오리털 등 조류에서 나온 털을 뜻한다. 우모의 대표적인 특징은 보온성과 부피감에 영향을 주는 요인인 다운(솜털)과 페더(깃털)의 혼합량이다.

다운은 조류의 가슴 부분에 난 부드러운 털을 말하며, 다운의 함량이 높을수록 보온성과 부피감이 좋아진다. 다운이 민들레 씨앗처럼 뭉쳐 있는 것을 다운 볼Down Ball 이라고 하는데 이 크기가 크고 밀도가 높을수록 두 가지 기능이 더욱 우수해진다.

페더는 주로 지지력을 주는 데 사용된다. 그래서 보온성과 부피감이 필요한 이불에는 다운 함량을 높이고, 지지력을 필요로 하는 베개나 베드에는 깃털의 함량을 높여 사용한다.

우모는 이불 밖의 차갑거나 뜨거운 공기를 막아주는 천연 에어커튼 역할을 하면서 체온을 일정하게 지켜준다. 또한 가볍고 부드러우며 유연하여 몸을 포근하게 잘 감싸주므로 숙면을 돕는 최고의 이불 소재다. 오리털과 거위털의 기능에는 큰 차이점이 없지만 '구스'라고 불리는 거위털을 오리털보다 훨씬 고급으로 친다. 거위가 오리보다 몸집이 큰 관계로 거위에서 채취한 솜털이 오리에서 채취한 솜털보다 크고 부피감이 우수하기 때문이다. 유럽에는 왕족은 구스, 귀족은 다운, 평민은 천 이불을 덮었다는 우스갯소리가 있었을 정도로 상류층에서 구스를 애용했다고 한다.

우모는 폴란드, 헝가리 등 북유럽 추운 지방의 것이 최고급이다. 한랭지에 서식하는 조류일수록 다운 볼이 크고 우모가 발달해 있기 때문이다. 또 같은 우모라도 세정과 멸균 과정의 기술력에 따라 다운의 형태 유지, 냄새, 알레르기 반응 유무가 결정되니 믿을 수 있는 브랜드를 골라야 한다.

우모 이불을 고를 때는 다운의 함량이 높을수록 고급 제품으로 분류되니 구매시 다운 함량을 반드시 체크해야 한다. 베개나 요는 지지성이 떨어지므로 다운과 함께 날개 깃털을 적절한 비율로 혼합한 제품이 좋다. 우모는 털이 잘 빠져나오기 때문에 털 빠짐을 최소화할 수 있는 커버, 부피감을 높여주는 입체 퀼팅 커버 등을 고르는 것도 방법이다. 사용된 커버에 따라 우모 이불의 품질이 결정될 정도이니 잘 따져보도록 하자.

우모는 숨을 쉬는 천연소재이므로 세탁 후 습기가 남아 있거나 습한 곳에서 보관할 경우 우모 특유의 냄새가 날 수 있으며, 부피감도 줄어들 수 있다. 사용할 때뿐 아니라 보관중에도 자주 건조해주고 통기해주면 품질을 잘 유지할 수 있다.

침구 선택, 소재 파악이 먼저다

숙종은 호랑이 군주였다. 19세라는 어린 나이에 왕위에 올랐지만 거리낌이 없었다. 그는 신하들이 자신을 업신여기지 않게 하기 위해 거침없이 옥사를 주도하며 신하들을 휘둘렀고 엄하게 다스렸다. 단호한 모습을 보이기 위해 노력했으며, 올바른 정사를 위해 밤낮없이 공부했다. 숙종이 지휘하는 조선은 철저한 왕권국가의 모습이었다.

그의 통치는 탁월했지만 그것이 그냥 주어진 것은 아니었다. 숙종은 집권기간 내내 과로했기에 간에 질환이 생겼다. 밤에는 정사를 파악하기 위해 밤잠을 설치며 공부했고, 낮에는 신하들에게 휘둘리지 않기 위해 신경을 잔뜩 곤두세우고 있었다. 몸이 남아나지 않는 것은 당연한 결과였다. 결국 숙종은 간경화로 붕어할 때까지 괴로운 시기를 겪었다. 하지만 생전에 숙종은 자신의 병의 원인을 너무나 잘 알고 있었다. 숙종이 실록에 전하는 통한의 고백을 들어보자.

"몇 년 전부터 이 병의 뿌리가 생겼고, 처음에는 약간의 통증이 있는데 결국 이 지경까지 되었다. 사람이 자고 먹는 것을 제때 해야 하는데 나는 그렇지 못했다. 성질이 너그럽고 느슨하지 못하여 일이 있으면 내던져두지 못하고, 문서도 몇 번이나 훑어보며, 듣고 결단하는 데 지체함이 없었다. 그러다보니 늦은 저녁에 비로소 밥을 먹고 밤중에도 잠을 자지 못했다. 그래서 화중이 날로 성하여 이 지경에 이른 것이다. 병의 원인이 어디에 있는지 알았지만 어쩔 도리가 없었다."

병의 원인을 알고 있었는데도 그것을 고치지 못하고 자신의 습관을 바로잡지 못한 숙종의 이야기는 마치 자신의 수면에 문제가 있음을 알면서도 귀찮다는 이유로, 잘 모른다는 이유로 어떤 변화나 개선 없이 오늘도 잠자리에 드는 우리의 모습과 다를 바 없다. 모르면

'낮'보다 화려한 '밤'을 위하여. 잠을 부르는 습관과 환경

서 바로잡지 못하는 것보다 알면서 바로잡지 못하는 것이 더 나쁘다고 하지 않는가.

요즘은 다양한 소재와 기능성을 가진 침구가 수없이 많다. 그만큼 선택의 폭이 넓어졌고, 누구나 쉽게 원하는 침구를 고를 수 있게 되었다. 하지만 종류가 너무 다양하다보니 어떤 침구를 골라야 할지 막막해지는 경우가 많다. 어떤 제품이 좋다는 다른 사람의 추천에, 최고급이라는 점원의 설명에 그 침구를 구매해야 하나 싶지만, 침구를 선택할 때는 소재가 어떤 특장점을 가지고 있는지 알아야 한다. 자신에게 필요한 소재의 침구를 선택하는 것이다.

우선, 침구 소재를 선택할 때는 개인의 기호도 중요하지만 사용하려는 계절, 사용 목적, 다양한 수면환경에 적절하게 대응할 수 있는지 여부 등을 확인해야 한다. 또한 모든 소재는 장점과 단점을 동시에 가지고 있어서 어떤 사람에게는 최고의 소재일 수 있으나 다른 사람에게는 최악의 소재가 될 수 있다. 따라서 소재 자체가 갖고 있는 특성을 따져 사용 목적, 자신의 기호에 맞는 침구 소재를 선택하는 것이 중요하다. 그러기 위해서는 각 소재가 갖고 있는 특성을 이해하는 일이 우선이므로 침구 소재로 많이 사용하는 섬유에 대해 알아보자.

1. 면 소재: 의류뿐 아니라 침구에도 가장 많이 사용되는 소재는 바로 면이다. 면섬유는 천연식물성 섬유로 길이가 짧고 천연

꼬임이 있으며, 가운데가 빈 중공中空섬유다. 흡수성이 좋아 땀을 잘 흡수하고, 공기를 많이 함유할 수 있어 보온성이 좋으며, 물에 젖었을 때 오히려 강도가 증가해 세탁에도 잘 견디고, 자극적이지 않은 부드러운 촉감을 가지고 있다.

면섬유의 이런 특징은 수면시 땀을 흡수해 숙면을 도와주며, 길이는 짧고 천연 꼬임이 있어서 실이나 직물로 만들었을 때 섬유와 섬유 사이에 공기를 많이 함유할 수 있으니 보온성도 좋다. 무엇보다 면섬유의 가장 큰 장점은 실용적이라는 것이다. 물에 넣었을 때 강도가 더 강해질 뿐만 아니라 세탁 세제에도 쉽게 상하지 않으니 세탁이 편리하다. 또한 피부에 자극을 주지 않고, 체중에 의한 마찰에도 잘 견뎌 수면중 많이 뒤척여도 오래 사용할 수 있다. 단점은 일반적으로 면섬유는 길이가 짧은 편이라 광택이 우수하거나 매끈한 표면을 가진 직물을 만들기 어렵다는 것이다. 또한 흡수성은 좋지만 장마철 같은 습한 날씨에는 주위의 습기까지 빨아들여 축축한 느낌이 들 수도 있다. 주름도 잘 생기고 오래 사용하면 잔털이 심해지기도 한다.

2. 마와 레이온 소재: 면섬유와 마찬가지로 천연식물성 섬유인 마섬유는 주로 여름용으로 많이 사용된다. 마섬유는 땀을 잘 흡수하고, 길이가 길고 분자구조가 촘촘해 강도가 세며, 열전도성이 우수하다. 조금 뻣뻣한 느낌이 있는데, 이런 뻣뻣함 때문에 직물로 만들었을 때 피부에 잘 달라붙지 않고, 상대적으로 조직이

성글어 공기가 잘 드나들 수 있으므로 통기성이 뛰어나다. 피부가 민감한 사람은 트러블을 일으킬 수 있지만, 시원하고 땀을 잘 흡수하는 성질을 가지고 있어 여름 이불로 많이 사용된다.

마섬유의 뻣뻣함이 부담스러운 사람은 레이온 소재로 대체할 수 있다. 레이온은 형태 안정성이나 강도 면에서는 조금 떨어지지만 땀을 잘 흡수하고, 시원한데다 부드러운 촉감까지 가지고 있어 여름에 덮기 좋은 소재다.

요즘에는 레이온과 비슷하지만 좀더 친환경적인 공법으로 만들어진 모달과 리오셀도 많이 사용된다. 모달의 원료는 너도밤나무에서 추출하는데, 다른 섬유보다 색감이 뛰어나 선명한 색깔을 재현할 수 있으며 물에 넣었을 때 강력強力도 크게 감소하지 않는다. 리오셀은 땀도 잘 흡수하고 강력도 우수하며 촉감도 매끈하다. 또한 광택이 우수하다. 하지만 고온에 약하다는 단점이 있다 (60도 이하에서 사용 권장).

3. 극세사: 최근 들어 많이 쓰고 있는 극세사는 아주 가는 섬유 (사전적으로는 1데니어 이하)를 의미하며 속통(솜), 커버 담요 등 다양한 용도로 사용된다.

덮는 용도로 사용할 때는 가볍고 보온성도 뛰어나며 몸을 감싸는 느낌이 들어 좋지만, 까는 용도로 사용하기에는 지지력이 부족해 몸을 충분히 받쳐주지 못하는 단점이 있다. 또한 아주 가늘기 때문에 솜으로 사용할 경우 통통 뛰는 느낌이 있어 뒤척이면

속 커버가 성글거나, 바늘땀이 크면 그 사이로 솜이 빠져나오기도 한다.

극세사로 된 담요의 경우 부드럽고 포근하며, 특히 겨울철에 우수한 보온성을 나타낸다. 그러나 합성섬유로 만들어진 극세사는 물을 좋아하는 성질이 없기 때문에 땀을 잘 흡수하지 못하고, 건조한 경우 정전기가 발생하기도 한다. 피부가 민감하거나 약한 사람들은 합성소재보다는 천연소재를 사용하는 것이 침구로 인한 수면방해를 줄일 수 있다.

4. 라텍스와 메모리폼: 폼 형태로 된 제품으로, 천연고무를 원료로 한 라텍스와 폴리우레탄을 원료로 한 메모리폼이 있다. 이 둘은 체압을 잘 분산한다는 면에서는 비슷하지만 탄성이 약간 다르다. 라텍스는 탄성이 커서 눌렀다 떼면 바로 원상태로 되돌아오는 반면, 메모리폼은 눌렀을 때 모양을 조금 더 오래 유지하는 경향이 있다.

잠을 잘 때 라텍스는 통통 튀는 느낌이 있으며 뒤척이면 파트너의 잠을 방해할 수 있다는 단점이 있다. 메모리폼의 경우 뒤척임 시 움직이려면 라텍스보다 더 많은 힘이 필요하다. 따라서 힘이 약한 노약자의 경우 불편할 수 있다는 것이 단점이다.

내게 맞는 침구 소재를 선택하기 위한 팁

1. 흡발산성이 좋은 것: 땀을 잘 흡수하고 잘 발산해야 체온조절이 쉽고 쾌적한 수면환경을 만들 수 있다.

2. 보온성이 좋은 것: 적정한 온도를 유지해주면 몸에 무리가 덜 생겨 보다 편안한 수면을 취할 수 있다.

3. 체압분산성이 좋은 것: 체압분산성이 나쁘면 체압이 무거운 곳으로 집중되어 혈액의 흐름이 방해받으면서 뒤척임이 많아지고 수면을 방해할 수 있다.

4. 촉감이 좋은 것: 피부가 예민하거나 약한 사람은 특히 이 부분에 신경써서 수면이 방해받지 않도록 주의한다.

이제,
당신의 밤이 180도 달라진다

보통 사람들은 아침에 일어나면 가벼운 우울증 상태를 보인다. 일어난 직후에는 우울하지만 15분 정도 지나면서 점점 기운을 찾고, 머리가 맑아지며 정상으로 돌아온다. 이 시간 동안에는 아주 평범한 행위에서도 스트레스를 느낄 수 있다. 특히 속도나 민첩함이 필요한 행동은 힘들게 느껴진다. 평소에는 아무 일도 아닌 일상사인데 기상하자마자 운전을 하려고 하면 부담감이 느껴진다거나, 평소처럼 보고서를 쓰려는데 왠지 굼뜨게 느껴지는 이유다. 생리적으로 아침에 일어나 기분이 좋다는 것은 아주 드문 경우다.

하지만 아침에 기분이 좋아지게 하는 방법이 하나 있다. 행복감을 높이는 것이다. 히타치 연구소의 야노 가즈오는 긍정심리학자인 소냐 류보머스키와 함께 '행복과 행동의 상관관계'에 대해서 연구했다. 실험군과 대조군으로 나누어 실험군에는 일주일 동안 좋았던 일을 떠올려보고 그중 가장 행복했던 기억 세 가지를 작성하게 했다. 대조군에는 그냥 일주일 동안 일어났던 일을 쓰라고 했다. 실험군에 행복 기억을 증강시켜 행복한 사람과 아닌 사람의 행동을 비교한 것이었다. 그리고 예상대로 두 실험 집단의 행동은 확연하게 달랐다. 행복감을 느낀 실험군 사람들은 대조군에 비해 아침 일찍부터 일어나 활발하게 움직이는 모습을 보였다.

그렇다면 아침의 행복감을 높이기 위한 방법은 무엇일까? 바로 잠을 푹 자는 것이다. 숙면은 단기간에 행복감을 높이는 방법으로는 최고다. 잘 자고 일어난 아침은 행동력을 상승시켜 사람을 의욕적으로 만들어준다.

아산 정주영 회장은 밤 9시에 자고 새벽 3시에 일어나는 종달새 수면 스타일로 유명했다. 새벽부터 일어나 간단히 체조를 하고 하루 일을 계획하다보면 왜 빨리 해가 뜨지 않는지 안절부절못할 정도였다고 한다. 출근 2, 3시간 전에 온몸의 워밍업이 완전히 끝난 회장과 눈곱만 겨우 떼고 출근한 직원들과의 에너지 차이가 너무 현격해, 아침부터 정회장의 비서실은 거의 비상 수준이었다고 한다. 뉴욕 시장을 지낸 마크 블룸버그도 금융회사에 근무하던 젊은 시절부터 아침 6시 30분에 출근해 일을 시작했다고 한다.

"새벽에 일찍 일어나니까 해 뜨기가 무섭게 총알같이 회사에 가서 일을 시작했죠. 회사에는 당연히 아무도 없었습니다. 단 한 사람만 빼고요. 저와 출근시간 1, 2등을 다툰 사람은 회사 오너인 스미스 바니뿐이었습니다."

푹 자고 일어난 아침은 에너지가 넘치고, 그렇게 에너지가 넘친 하루는 모든 일이 잘 풀리며, 판단력도 일의 능률도 좋아진다. 일과 삶의 선순환 사이클이 돌아가는 것이고, 이 모든 사이클의 중심에는 잠이 있다. 그래서 우리는 잘 자야 하고, 잘 자는 사람이 행복하며, 행복한 사람이 결국 성공한다는 사실을 기억해야 한다. 이제 시대는 바뀌었고 성공공식도 바뀌었다. 잠의 강박증에서 벗어나 새롭게 잠을 경영해야하는 시대다.

밤을 지배하는 자가 승리한다

한국계 경영 컨설턴트인 안젤라 리 덕워스는 몇몇 회사들과 더불어 '성공의 열쇠'가 무엇인지에 대한 연구를 진행했다. 그리고 그 비결을 밝혀냈다.

"어떤 세일즈맨들이 끝까지 살아남을지, 누가 가장 판매성과가 좋을지 연구했죠. 성공이 예측되었던 사람들에게서는 단 하나의 공통된 특성이 발견되었습니다. 그것은 외모도, 육체적 조건도, 아이큐도 아니었어요. 성공의 키는 바로 '투지grit'였습니다."

안젤라가 말하는 투지란 무엇일까?

"투지는 스태미너입니다. 해가 뜨거나 지거나 꿈과 미래를 향해 끝까지 물고 늘어지는 지구력이죠. 투지는 단거리 경주가 아닙니다.

일주일, 몇 주가 아니라, 몇 년이 걸리든 끝까지 가고야 말겠다고 하고 실제로 그렇게 하는 마라톤입니다."

눈앞에 펼쳐진 미래가 마라톤 트랙이라면 마음의 준비를 다르게 해야 한다. 신발은 단거리화가 아니라 마라톤화로 바꿔 신어야 하고, 오래 뛰기 위해 체력도 더 키워둬야 한다. 며칠 전력을 다해 밤을 새우고 끝내는 게임이 아니라 몇 년 동안 계속 이어지는 마라톤 같은 인생에서 살아남으려면 컨디션 조절이 생명이다. 레이싱은 오늘도 내일도 계속된다. 낮에는 계획에 따라 차근차근 진행하고, 목표한 거리까지는 반드시 가되 오버페이스하지 않는 것이 중요하다. 바뀌는 패러다임 시대의 승리비결은 바로 마라토너처럼 사는 것이다.

그리고 그 시작의 중심에는 제대로 된 휴식, 잠의 시간에 대한 완벽한 설계가 있어야 한다. 제대로 된 휴식과 충전 없이 장거리 마라톤은 절대 불가능하다. 충분히, 제대로 쉰 사람만이 끝까지 뛸 수 있다는 사실을 명심하자.

애플의 전 CEO 스티브 잡스가 미국에서 상위권에 속하는 소매 유통업체의 임원을 스카우트해왔을 때의 일이다. 잡스는 그 임원에게 다짜고짜 물었다.

"최고의 서비스를 제공하는 회사가 어디입니까? 그곳의 서비스를 좀 베껴와야겠습니다."

임원은 잠시 생각에 잠겼다가 말했다.

"업종을 불문하고 물어보신다면, 단연 포시즌스 호텔입니다."

잡스는 당장 포시즌스로 달려가 그들의 서비스를 살폈다. 그리고 비결을 알아내 이를 애플에 적용해 대박을 터뜨렸다. 바로 애플의 오프라인 숍 '지니어스 바'였다. 스마트폰회사에 전혀 어울리지 않는 '바^{bar}'가 숍 이름으로 등장한 이유다.

이 애플의 지니어스 바를 방문했던 한 고객은 놀라운 체험에 대해 털어놓았다. 그는 지나가는 길에 지니어스 바에 들렀다가 한 직원을 만나게 되었고 자연스레 이야기를 나누었다. 그는 그 직원과 거의 1시간 30분을 미친듯이 이야기했다. 그리고 무척 흡족해진 그는 곧 아이폰을 구매했다. 하지만 정작 고객이 직원과 1시간 30분 동안 나눈 즐거운 이야기는 제품이 아니라, 대학 미식축구에 대한 것이었다.

"내가 미식축구를 좋아한다는 걸 알고 그 직원은 자신도 대학 풋볼을 좋아한다며 이야기를 시작했습니다. 한참 후 나는 무언가 마음이 통한다는 느낌을 받았어요. 제품은 그다음이었습니다."

잡스가 찾아낸 포시즌스의 서비스 비결이 바로 이것이었다. 잡스가 애플에 원했던 것은 매출의 숫자가 아니라, 매출을 자연스레 부르는 '사전 핵심 행동'이었던 것이다. 오늘날 기업들은 매출목표라든지 시장점유율 같은 숫자를 목표로 기업활동을 측정한다. 하지만 호텔에서는 그것에 달성하는 과정 자체가 완전히 다르다. 포시즌스가 매출을 달성하는 방식은 다음과 같았다.

최고의 고객 서비스를 목표로 한다→고객이 느낄 수 있는 최고의 만족을 느낀다→고객은 기꺼이 최고의 가격을 지불한다→다시 숙박하거나 기타 부대서비스를 이용하기 위해 방문한다→매출목표를 달성한다

결국 호텔에서 매출목표는 '최고의 서비스'라는 목표로 설정되고, 이것에 모든 노력을 집중해 최종적으로 목표를 달성하게 되는 것이다. 이것에 비추어 잠을 잘 자려는 우리의 목표를 생각해보자. 우리의 매출목표=잠을 잘 자는 것이다. 포시즌스 호텔의 목표 달성 방식처럼, 잠을 자연스럽게 부르는 사전 핵심 행동을 찾아야 한다. 어떻게 행동했을 때 잠이 잘 오는지, 어떤 상황 속에서 잠을 잘 자는지 생각해보자는 것이다.

보통 성과관리 전문가에 따르면 목표는 두 가지로 나뉜다. 스스로 통제할 수 있는 목표와 통제할 수 없는 목표다. 매출목표는 엄밀히 말해 통제할 수 있는 목표가 아니다. 어쩔 수 없는 외부환경이 들어 있기 때문이다. 하지만 서비스, 제품력, AS 등은 통제할 수 있다. 목표 달성의 관건은 통제할 수 있는 것들을 최대한 달성해 결국 목표까지 얼마나 가까이 다가가느냐의 '관점 전환 게임'에 있다.

라이트 대학의 윌리엄 어빈 교수는 인간에게 주어지는 '목표'라는 것을, 흥미롭게도 금욕주의 철학으로 널리 알려진 스토아학파의 관점에서 해석한다. 만약 스토아학파 철학자가 테니스 시합을 한다

고 치자. 그는 아마도 처음에는 테니스 시합에 이겨야 한다는 사실에만 집중할 것이다. 하지만 그는 이내 그 목표가 불안정하다는 것을 깨닫게 된다. 승리를 목표로 삼으면 패배했을 경우 평정심을 잃을 수 있고, 결정적으로 승리란 완전히 통제할 수 있는 변수가 아니기 때문이다. 이 경우 스토아 철학자들은 승리가 아니라 시합에서 자신이 할 수 있는 내부 목표, 즉 시합 준비에 할 수 있는 모든 것에 노력을 기울이겠다로 목표를 바꾼다. 결국 할 수 있는 내부 목표만 완수하더라도 자신의 만족도는 이미 달성되고, 이후 시합에 이기느냐 지느냐는 그다지 큰 영향을 미치지 못하는 것이다.

세일즈 성공비결 중 '하루 10명의 고객을 만나라'와 같은 지침은 가장 단순하면서도 가장 기본적인 달성비법이다. 10명의 고객을 만나야 한다는 것에 집중하면 고객이 찡그리든, 거절하든 그것은 이미 중요하지 않다. 내가 세운 목표만 달성하면 내 마음은 절로 편안해지기 때문이다.

잠을 잘 때도 이처럼 나의 사고를 바꿔보자. 우리를 잠 못 들게 하는 갖가지 이유에 시간과 정신을 쏟다보면 잠은 더 달아나버리고 악순환이 시작된다. 내가 할 수 있는 일, 가령 침실온도를 맞춘다든가, 잠옷을 바꿔 입어본다든가, 침구 등을 바꿔보자. 그리고 마땅히 내가 해야 할 일을 정해 매일매일 실천해보자. 가령 점심시간 이후에는 커피 마시지 않기, 주말에도 같은 시간에 일어나기, 밤 9시 이후에는 스마트기기 만지지 않기 등과 같은 것 말이다. 그러면 설사

에필로그

처음 며칠은 '숙면'이라는 목표를 달성하지 못할지 몰라도 어느 순간 푹 자고 있는 자신을 발견할 수 있을 것이다. 달콤한 숙면과 개운한 아침은 곧 당신의 것이 될 수 있다.

프롤로그. '낮'에는 누구나 열심히 뛴다, '밤'으로 승부하라

1. 윌리엄 C. 디멘트, 김태 옮김, 『수면의 약속』, 넥서스BOOKS, 2007, 149쪽.
2. 미야자키 소이치로, 김치영 옮김, 『수면 테라피』, 좋은책만들기, 2013, 44쪽.
3. '잠 못 자고 출근한 당신, 왜 이리 신경질을 부리시나요', 『시사저널』, 1343호.
4. '잠 못 자고 출근한 당신, 왜 이리 신경질을 부리시나요', 『시사저널』.

Chapter 1. 모든 역사는 밤에 이루어진다

1. http://greenfactory.pe.kr/220085721984
2. 다닐 알렉산드로비치 그라닌, 이상원·조금선 옮김, 『시간을 정복한 남자 류비셰프』, 황소자리, 2004, 165쪽.
3. 다닐 알렉산드로비치 그라닌, 『시간을 정복한 남자 류비셰프』, 166쪽.
4. '[이슈데이터] 고교생 평균수면 5시간 27분…… '잠이 부족한 학생들!'', 헤럴드경제, 2014.2.17.
5. '잠 못 자고 출근한 당신, 왜 이리 신경질을 부리시나요', 『시사저널』.
6. ''쳐다본다'는 이유로 집단폭행당한 여고생 13일 만에 숨져', 조선일보, 2015.8.16.
7. '[사설] 청소년 자살예방 대책마련 절실하다', 광남일보, 2015.8.20.
8. 'Sleep Troubles Linked To Increased Risk Of Alzheimer's In Men', *Huffington Post*, 2014.10.29.
9. 'Power napping really IS good for you: A 30-minute snooze can repair the damage caused by a lack of sleep', *Dailymail UK*, 2015.2.10.
10. 아리아나 허핑턴의 TED 강연, 'How to succeed? Get more sleep'.
11. 'How getting a good night's sleep when you're young can ward off Alzhemier's', *Dailymail*, 2015.1.24.
12. 'Too little sleep, and too much, affect memory', *Harvard Health Publications*, 2014.5.2.
13. 'Plenty Of Restful, Restorative Sleep Linked To Significantly Better Cognition', *Huffington Post*, 2014.6.17.

14. 'A Sleep Sweet Spot', *The NewYork Times*, 2014.9.8.

15. 'Manchester City players given wallpaper with special sleep-inducing patterns in their bedrooms at club's £200m training base', *Dailymail*, 2015.1.3.

Chapter 2. 잠에 관한 진실 혹은 거짓

1. '아침형 인간 vs 저녁형 인간, 유전자 80여 개가 결정', 『동아사이언스』, 2015.5.18.

2. 마이클 스몰렌스키·린 램버그, 김수현 옮김, 『마법의 생체시계』, 북뱅크, 2005, 43쪽.

3. '한국인 밤늦게 자는 '올빼미족' 3위', 한겨레신문, 2005.2.13.

4. '생활습관조사', 통계청, 2014.

5. '한국인 '잠 도둑' 피해 심각하다', 단비뉴스, 2010.8.5.

6. 사토 도미오, 홍성민 옮김, 『잠의 즐거움』, 국일미디어, 2006, 150쪽.

7. 사토 도미오, 『잠의 즐거움』, 153쪽.

8. 윌리엄 C. 디멘트, 『수면의 약속』, 66쪽.

9. '김택진 엔씨소프트 사장 "나도 게임에 빠진 아들 걱정"', 한국경제, 2011.5.1.

10. 제임스 B. 마스, 은영미 옮김, 『달콤한 수면으로 상쾌한 아침을 여는 책』, 나라원, 2003, 116쪽.

11. '수면부족, 711개 유전자에 악영향', 중앙일보 미주판, 2013.2.27.

12. '세계 최고령 일본 할머니 오가와 미사오, 117세로 별세', 허핑턴포스트, 2015.4.1.

13. '송해 장수비결 3가지는? '대중교통-아침식사-수면시간'', 동아닷컴, 2014.7.29.

14. '충남도 100세 이상 장수노인 생활실태 조사 결과', 뉴스와이어, 2008.11.3.

15. Cappuccio FP·D'Elia L·Strazzullo P·Miller MA, 「Sleep duration and all-cause mortality: a systematic review and meta-analysis of prospective studies」, *Sleep*, 2010.5.

16. http://sleepfoundation.org/how-sleep-works/how-much-sleep-do-we-really-need

17. 데이비드 랜들, 이충호 옮김, 『잠의 사생활』, 해나무, 2014, 135쪽.

18. 사토 도미오, 『잠의 즐거움』, 69쪽.

19. http://egloos.zum.com/hwangkiha/v/1014291

20. '우리나라, 음주에 따른 수명단축 세계 최고 수준', 한겨레신문, 2015.8.17.

21. '잠 들려 마신 술, 오히려 불면증 일으킨다(美 연구)', 나우뉴스, 2014.12.20.

1. 사토 도미오, 『잠의 즐거움』, 175쪽.

2. '도파민 역할, 또다시 사랑할 수 있는 이유', 서울경제TV, 2014.1.15.

3. 사토 도미오, 『잠의 즐거움』, 89쪽.

4. 제임스 B. 마스, 『달콤한 수면으로 상쾌한 아침을 여는 책』, 52쪽.

5. 데이비드 랜들, 『잠의 사생활』, 45쪽.

6. 도리이 시즈오, 노영민 옮김, 『아침이 즐거운 건강 수면법』, 고려원, 1993, 42쪽.

7. '건강에 영향을 주는 8가지 수면자세', 허핑턴포스트, 2014.10.8.

8. 박지연, 「조선시대 침구에 관한 연구」, 이화여자대학교, 2005.

9. 제임스 B. 마스, 『달콤한 수면으로 상쾌한 아침을 여는 책』, 116쪽.

10. 'A New Way to Fight Insomnia? The Insomnia Cap', *Insomnia‐connection*, 2012.4.21.

11. Danel T · Libersa C · Touitou Y, 「The effect of alcohol consumption on circadian control of human core body temperature is time dependent」, *American Journal of Physiology*, 2001.6.

12. Raynann RJ · Swaab DF · Van Soneren EJ, 「Cutaneous warming promotes sleep onset」, *Am J Physiol Regul Integr Comp Physiol*, 2005.6.

13. http://stats.oecd.org/index.aspx?DataSetCode=HEALTH_STAT

14. http://blog.daum.net/u_mnb/274

15. '만성 수면장애는 치매 원인이자 전조', 코메디닷컴 뉴스, 2014.3.20.

16. '잠 잘 못 자면 노년에 '치매' 앓을 확률↑', 나우뉴스, 2014.4.2.

17. '나의 '뇌'가 곧 '나'일까?', 허핑턴포스트, 2015.6.13.

18. '[아이돌 꿈꾸다] 평균 수면 4시간…… 연습생, 무엇으로 버티나', 더팩트, 2011.4.21.

19. http://www.mfds.go.kr/index.do?seq=18764&mid=675

20. '스마트폰 놓지 않는 20대…… "하루 3시간 44분 이용"', 연합뉴스, 2015.7.17.

21. 'Many girls 'lose sleep with worry' ahead of Leaving Cert', *The Irish Times*, 2015.5.27.

22. 'Women get less sleep than men-even though they spend MORE time in bed', *Dailymail*, 2014.2.7.

23. 加賀 英人, 『不眠の悩み解決BOOK』, 成美堂出版, 2001.

Chapter 4. '낮'보다 화려한 '밤'을 위하여, 잠을 부르는 습관과 환경

1. 존 매케인·마크 솔터, 윤미나 옮김, 『존 매케인 사람의 품격』, 21세기북스, 2008, 116쪽.

2. 마틴 베레가드·조던 밀른, 김인수 옮김, 『죽어라 일만 하는 사람은 절대 모르는 스마트한 성공들』, 걷는나무, 2014, 27쪽.

3. Global Retail Trends, 미국소매협회.

4. 윌리엄 C. 디멘트, 『수면의 약속』, 208쪽.

5. 대한간호학회 엮음, 『간호학대사전』, 한국사전연구사, 1996.

6. 윌리엄 C. 디멘트, 『수면의 약속』, 209쪽.

7. 윌리엄 C. 디멘트, 『수면의 약속』, 209쪽.

8. '중남미 순방 마치고 귀국한 朴대통령 고열·복통 왜?', 매일경제, 2015.4.27.

9. 서수균, 『불면증』, 학지사, 2000, 162쪽.

10. http://blog.naver.com/heeyoonkwon

11. 제임스 B. 마스, 『달콤한 수면으로 상쾌한 아침을 여는 책』, 157쪽.

12. Oyetakin-White P·Suggs A·Koo B·Matsui MS·Yarosh D·Cooper KD·Baron ED, 「Does poor sleep quality affect skin ageing?」, Clinical and Experimenta Dermatology, 2015.1.

13. 'How a bad night's sleep wrecks your skin', The Telegraph, 2015.5.21.

14. 두산백과

15. '아직도 입고 주무세요? ……', 동아일보, 2014.11.14.

16. '팬티 고무줄 때문에…… 건강에 좋은 '알몸 수면'', 헬스조선, 2013.6.19.

17. '잘 뒤척여야 좋은 잠이다', 『싱글즈』, 2014.11.

18. 제임스 B. 마스, 『달콤한 수면으로 상쾌한 아침을 여는 책』, 105쪽.

이브자리 수면환경연구소

이브자리 수면환경연구소는 '아름다운 침실과 건강한 생활문화'를 만들기 위해 2003년 설립되어 12년의 역사를 자랑하는 대한민국 수면 및 침구 연구의 요람이다. 2016년 창립 40주년을 맞이하는 (주)이브자리의 침구과학을 이끄는 R&D 전진기지로 수면에 대한 기초 연구와 함께, 침구의 기능성에 따른 인체반응, 맞춤형 체험컨설팅 등 쾌적하고 편안한 수면을 통해 건강한 삶을 영위하기 위한 방법들을 불철주야 연구하고 있다. 국내외 유명 대학 및 병원, 전문연구기관과의 협업을 바탕으로 업무제휴 및 공동연구개발을 실시함으로써 침구 한류의 선봉장이 될 수 있도록 오늘도 묵묵히 연구에 매진하고 있다.

· 이브자리 www.evezary.co.kr
· 수면환경연구소 www.evesleep.com

밤을 경영하라

ⓒ이동철 최지호 조은자 고진수 박성빈 백혜신 고정욱

초판 인쇄 2015년 11월 2일
초판 발행 2015년 11월 11일

지은이 이동철 최지호 조은자 고진수 박성빈 백혜신 고정욱
펴낸이 염현숙

기획·책임편집 고아라 | 편집 유은하 | 모니터링 이희연 | 정리 최지연
디자인 신선아 | 마케팅 방미연 우영희 김은지
홍보 김희숙 김상만 한수진 이천희
제작 강신은 김동욱 임현식 | 제작처 한영문화사
공동기획 출판기획전문 (주)엔터스코리아

펴낸곳 (주)문학동네
출판등록 1993년 10월 22일 제406-2003-000045호
임프린트 아우름
주소 10881 경기도 파주시 회동길 210
전자우편 editor@munhak.com | 대표전화 031)955-8888 | 팩스 031)955-8855
문의전화 031)955-8858(마케팅) 031)955-1915(편집)
문학동네카페 http://cafe.naver.com/mhdn | 트위터 @munhakdongne

ISBN 978-89-546-3799-2 03320

www.munhak.com